FACULTÉ DE DROIT DE PARIS.

DES PACTES EN DROIT ROMAIN

ET

DE LA SOLIDARITÉ EN DROIT FRANÇAIS.

THÈSE

Présentée et soutenue le vendredi 3 mars 1854, pour l'obtention du grade de docteur,

Par Pierre-Charles SEVESTRE,

AVOCAT PRÈS LA COUR IMPÉRIALE DE PARIS.

PARIS.

TYPOGRAPHIE DE PLON FRÈRES,

IMPRIMEURS DE L'EMPEREUR,

RUE DE VAUGIRARD, 36.

1854

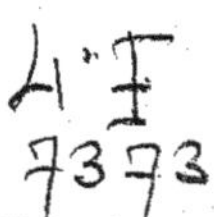

THÈSE
POUR LE DOCTORAT.

L'acte public sur les matières ci-après sera présenté et soutenu le vendredi 3 mars 1854,
à dix heures et demie du matin,

par PIERRE-CHARLES SEVESTRE,

Né à Montigny-sur-Armançon (Côte-d'Or), le 11 novembre 1829.

Président :   M. DE VALROGER.

Suffragants :   MM. PELLAT,
PERREYVE,   professeurs.
VUATRIN,
RATAUD,   suppléant.

Le Candidat répondra en outre aux questions qui lui seront faites
sur les autres matières de l'enseignement.

PARIS

TYPOGRAPHIE DE PLON FRÈRES,

IMPRIMEURS DE L'EMPEREUR,

RUE DE VAUGIRARD, 36.

1854

A MON PÈRE.

DROIT ROMAIN.

INTRODUCTION.

Le patrimoine des personnes, lorsqu'on le considère au point de vue actif, peut comprendre deux classes de droits : 1° des droits réels; 2° des droits personnels.

Les droits réels, *jura in re,* sont ceux qui supposent un rapport direct de la personne sujet du droit avec la chose qui en est l'objet. On les appelle aussi droits absolus, parce que le devoir, l'obligation qu'ils engendrent pèse non pas sur une ou quelques personnes seulement, mais sur tous les membres du corps social tenus de les respecter et de ne rien faire qui en gêne le libre usage et l'exercice légal.

Le type des droits réels, celui dans lequel tous les autres peuvent se résumer, c'est le droit de propriété, *jus dominii,* ou droit d'user, de jouir et de disposer de la chose (*jus utendi, fruendi et abutendi re suâ*) à l'exclusion de tout autre, et de n'attribuer qu'à soi l'utilité que cette chose est susceptible de procurer.

Les autres droits réels principaux ne sont en quelque sorte que des démembrements de la propriété, des restrictions à ce droit absolu établies soit dans l'intérêt d'une personne, auquel cas on les appelle servitudes personnelles, tels sont les droits d'usufruit, d'usage, d'habitation; soit dans l'intérêt d'un fonds sur un autre fonds, auquel cas on les appelle servitudes réelles.

Les droits personnels ou droits de créance, *jura ad rem* (1), sont ceux qui

---

(1) Nous reproduisons ici les expressions de *jura in re* et *jura ad rem,* de *droits absolus* et de *droits relatifs,* sans ignorer les critiques dont elles peuvent être l'objet à certains points de vue, parce que nous pensons qu'en général au moins elles caractérisent exactement a différence qui existe entre les droits réels et les droits personnels.

nous mettent en rapport direct, non pas avec la chose objet du droit, mais avec une ou plusieurs personnes tenues envers nous soit à une dation, soit à une prestation, soit à un fait (*ad dandum aliquid vel faciendum vel præstandum*), et qui servent ainsi d'intermédiaire entre nous et la chose que nous tendons à obtenir. On les appelle aussi droits relatifs, non que le devoir qui en résulte pèse uniquement sur telle ou telle personne déterminée, car il y a également devoir pour tous à ne pas porter atteinte aux droits de créance d'autrui, mais parce que ces droits supposent qu'il y a quelqu'un directement tenu soit à un fait dont le créancier peut réclamer la stricte exécution, soit à une abstention.

Ces deux classes de droits formant le but principal des rapports juridiques qui peuvent exister entre les hommes, il est aisé de comprendre le soin que les législateurs ont pris de tout temps de déterminer limitativement les modes d'acquisition et d'extinction de ces droits.

Lorsque l'on compare à cet égard la législation romaine et la législation française, au milieu de toutes les différences que l'on peut remarquer, il en est une qui frappe particulièrement : la convention, qui dans notre droit se présente tout à la fois comme mode soit d'acquisition, soit d'extinction des droits tant réels que personnels, n'apparaît pas en droit romain pourvue de la même efficacité.

Pour l'acquisition des droits réels (1), le droit romain plus matérialiste, plus positif, mais peut-être plus sage si l'on dégage sa doctrine de tout ce que ses formes symboliques, créations d'un peuple dont la vie commence, peuvent nous présenter de singulier et de bizarre ; le droit romain exige un fait ostensible, qui puisse avertir le public de la mutation qui va s'opérer. Ce fait, ce sera tantôt une mancipation (2), c'est-à-dire une aliénation solennelle faite en présence de témoins citoyens romains, avec une balance et un lingot de métal et accompagnée de certaines paroles qui formeront la loi des parties ; tantôt ce sera la

---

(1) V. L. 20, C., *De pactis : Traditionibus et usucapionibus dominia rerum, non nudis pactis transferuntur.*

Argument *à fortiori* de la Loi 3, pr., *De oblig. et act.*

(2) V. Gaius, *Comment.* 1, §§ 119 et suiv. — Ulp., *Regul.*, tit. 19, §§ 3 et suiv.

simple tradition (1) ou mise en possession de la chose (*rem apprehendendi copia facta*); tantôt ce sera la *cessio in jure* (2), c'est-à-dire que les parties simulant un procès se rendront devant le magistrat : là celui qui veut acquérir le droit réel revendiquera ce droit comme lui appartenant déjà, et son adversaire n'apportant aucune contradiction à sa demande, le magistrat déclarera solennellement que le droit appartient bien réellement à celui qui l'a revendiqué. Ou bien encore ce sera, soit l'adjudication (3) faite par le juge sur une demande en partage intentée par des cohéritiers ou des copropriétaires, soit l'usucapion (4) qui, comme son nom l'indique, n'est que l'acquisition résultant d'une possession continuée pendant un certain temps (*acquisitio dominii per continuationem possessionis*), soit enfin, dans quelques cas, la volonté même de la loi (5).

De même, pour l'acquisition des droits personnels, si nous laissons de côté les obligations naissant des quasi-contrats, des délits, des quasi-délits, nous voyons qu'en principe le droit romain n'attache pas à la convention seule (*nuda conventio* (6), *nuda pactio*) la vertu de produire un lien juridique (7). Pour qu'il y ait obligation contractuelle, il faut qu'à la convention vienne se joindre soit une dation, soit une prestation, soit un fait (ce que les jurisconsultes comprennent sous la dénomination générique de *res*); alors on dit que l'obligation prend naissance *re* (8). Ou bien, il faut que cette convention se présente avec un extérieur tout romain, c'est-à-dire qu'elle se manifeste par une

---

(1) V. Loi 20, *C.*, *De pact.* — *Instit.* de Justin., liv. 2, tit. 1, § 40. — Ulp., *Regul.*, tit. 19, § 7.

(2) V. Gaius, *Comment.* 2, §§ 22 *in fine*, 24, 29 et suiv. — Ulp., *Regul.*, tit. 19, §§ 9 et suiv.

(3) V. Ulp., *Regul.*, tit. 19, § 16. — *Instit.* de Justin., liv. 4, tit. 17, § 7.

(4) V. Gaius, *Comment.* 2, §§ 43 et suiv. — Ulp., *Regul.*, tit. 19, § 8. — *Instit.* de Justin., liv. 2, tit. 6.

(5) V. Ulp., *Regul.*, tit. 19, § 17.

(6) Le mot *conventio* se présente en droit romain avec deux significations différentes. Dans un sens très-large, il est pris comme synonyme du mot contrat pour désigner l'accord de volontés qui dans tout contrat doit nécessairement exister entre les parties. C'est ainsi que la loi 7, *pr.*, *De pactis*, peut dire : *Conventiones quædam actiones pariunt.*

Dans un sens plus étroit, il est synonyme du mot pacte : il désigne le concours de volontés des parties, mais dégagé de toute cause civile qui puisse en faire un contrat. C'est dans ce dernier sens que nous l'employons ici.

(7) V. notamment L. 7, *pr.*, et § 4, *De pactis.* — L. 21, *C.*, *De pactis.*

(8) V. L. 1, §§ 2 et suiv., *De obligat. et act.* — L. 5, *Præscr. verbis.* — L. 7, § 2, *De pactis.*

interrogation et par une réponse faites en termes solennels; auquel cas l'obligation est dite prendre naissance *verbis* (1). Ou bien encore c'est l'écriture (*litteræ*) (2), c'est-à-dire l'inscription sur des registres particuliers (*codices accepti et expensi*), qui créera les rapports de créancier et de débiteur. Et ce n'est qu'exceptionnellement, au cas de vente, de louage, de société, de mandat, que le contrat prenant naissance *solo consensu*, il sera vrai de dire que la convention seule a suffi pour créer des obligations (3).

De même encore pour l'extinction des obligations, les causes opérant *ipso jure* la destruction du *vinculum juris* seront, soit le payement réel (*ipsa rei debitæ præstatio*), soit un payement fictif (*solutio imaginaria*), lequel s'opérera *per æs et libram*, s'il s'agit de dissoudre une obligation formée *per æs et libram*, ou par acceptilation, c'est-à-dire par certaines paroles solennelles, s'il s'agit d'une obligation formée *verbis ;* soit la novation (*prioris debiti in aliam obligationem translatio atque transfusio*); soit certains faits qui rendront l'exécution de l'obligation impossible, tels que la perte de la chose résultant d'un cas fortuit, la confusion, le concours de deux causes lucratives; soit enfin, mais seulement pour les obligations résultant des contrats consensuels, et lorsque les choses seront entières (*rebus integris*), le mutuel dissentiment (4). Quant à la convention, elle restera également impuissante à éteindre *ipso jure* les obligations qu'elle a été impuissante à créer.

Voilà le droit primitif, le droit rigoureux de Rome. La simple convention, le simple pacte n'est pas un mode de translation des droits réels. Ce n'est pas non plus, sauf l'exception des quatre contrats consensuels, un mode civil soit d'acquisition, soit d'extinction des droits personnels.

Au premier abord, un pareil système a quelque chose qui surprend et qui étonne, surtout lorsqu'on est habitué à vivre sous l'empire d'une législation qui, loin de présenter quelque chose d'analogue, fait au contraire produire à

---

(1) V. L. 1, § 7, *De obligat. et act.*

(2) V. Gaius, *Comment.* 3, §§ 128 et suiv. — *Instit.* de Justin., liv. 3, tit. 24.

(3) V. L. 7, § 1, *De pactis.*

(4) Pour les divers modes d'extinction des obligations *ipso jure,* voyez Gaius, *Comment.* 3, §§ 168 et suiv. — *Instit.* de Justin., liv. 3, tit. 29.

la convention, nous ne craignons pas de le dire, des effets exorbitants. On a
peine à comprendre ce peu d'importance que le droit romain semble attacher à
la convention des parties, et l'on est tenté de se récrier contre toutes ces con-
ditions, toutes ces formes rigoureuses dont il a soin d'entourer la plupart des
opérations juridiques. Pourquoi ne pas se contenter de l'accord de volonté des
parties intéressées ? Le jurisconsulte Ulpien lui-même ne nous dit-il pas qu'une
des premières lois de l'homme en société est de respecter les conventions qu'il
a faites avec ses semblables (*quid tàm congruum fidei humanæ quàm ea quæ inter
homines placuerunt servare* (1)? Pourquoi donc le droit civil de Rome ne vient-
il pas ici prêter son appui au droit naturel et en assurer l'observation par les
moyens qui sont en sa puissance ? Pourquoi ne trouvons-nous pas à Rome une
disposition législative analogue à celle de nos art. 1134 et 1138 ? Telles sont
les réflexions que suggère tout d'abord à l'esprit la comparaison de ces deux
législations si profondément divergentes sur ce point ; et, dominés à notre insu
par les idées du droit qui nous régit, nous nous hâtons de condamner la doctrine romaine comme trop exigeante et trop minutieuse. Mais si, faisant la part
de ce que cette doctrine peut avoir d'exagéré, on scrute plus attentivement, si
on cherche à en pénétrer la raison philosophique, on ne tarde pas à apercevoir
quelles graves considérations d'utilité pratique avaient pu militer en sa faveur, et l'on commence à douter que l'innovation du législateur français ait
introduit dans le droit, au point de vue pratique, du moins, un progrès bien
réel. C'est qu'en effet la première condition à laquelle doivent satisfaire les lois
d'un pays, c'est d'être appropriées aux mœurs, aux usages, à l'intelligence du
peuple qu'elles sont appelées à régir, et par conséquent de n'amener dans
leur application que des résultats utiles et salutaires pour tous. Sans doute, si
les sociétés humaines étaient parvenues à un degré de perfection tel que la
bonne foi présidât à tous les actes de la vie civile de chaque individu, rien ne
serait plus naturel que d'admettre la convention comme source génératrice de
toute espèce de droits ; à un état de choses parfait correspondrait alors un droit
également parfait. Mais telle n'est pas, telle n'a jamais été la condition de l'homme

---

(1) L. 1, pr., *De pactis.*

sur cette terre ; ce n'est que d'un pas pénible et lent qu'il avance dans la voie du progrès, et les lois dont il a besoin sont avant tout des lois qui le protégent contre la fraude et la mauvaise foi de ses semblables. C'est ce que le génie essentiellement positif du législateur romain avait parfaitement compris ; il n'avait pas voulu que quelques paroles prononcées à la légère, dans un moment d'entraînement peut-être, et sans aucune solennité, pussent suffire pour enchaîner quelqu'un dans les liens d'une obligation civile ; il n'avait pas voulu non plus que la convention pût entraîner la translation des droits réels, sans doute parce qu'il savait que le crédit de chacun se mesure d'ordinaire sur le plus ou moins d'étendue de son patrimoine, et qu'il entrevoyait la possibilité de fraudes nombreuses, du moment où la translation des droits pourrait résulter d'opérations occultes et ignorées du public.

Du reste, de ce que le droit romain n'attachait pas à la seule convention les effets que notre droit français lui attribue, il faut bien se garder de conclure que cette convention fût destituée de toute efficacité. Loin de là, le droit civil lui-même attachait au simple pacte des effets très-importants ; puis, la jurisprudence prétorienne était allée plus loin, fidèle en cette matière comme en toute autre à sa mission progressive, elle garantissait, au nom de l'équité (1), par des actions qu'elle avait créées, l'exécution de certains pactes. Enfin les constitutions impériales elles-mêmes étaient entrées dans la voie que le préteur leur avait tracée, et avaient encore augmenté les cas exceptionnels où le pacte seul produisait action.

Examiner quels étaient en droit romain les effets civils du simple pacte, rechercher les modifications que le droit du préteur, et plus tard celui des constitutions impériales avaient apportées dans quelques cas particuliers à la rigueur des principes, tel est le but que nous nous sommes proposé dans la première partie de notre travail. Nous la diviserons en quatre chapitres, dans lesquels nous traiterons successivement :

1° Des effets des simples pactes ou pactes nus (*nuda pacta*), des pactes prétoriens, des pactes légitimes.

---

(1) « *Quia grave est fidem fallere,* » nous dit la Loi 1, *pr.*, *De pecuniâ constitutâ*.

2° Des pactes ajoutés aux différentes espèces de ccntrats.

3° Du pacte *de non petendo*.

4° D'un décret de Marc-Aurèle qui établit certaines règles spéciales relativement au pacte qui pouvait intervenir entre l'héritier et les créanciers héréditaires.

CHAPITRE PREMIER.

Des Pactes nus. — Des Pactes prétoriens. — Des Pactes légitimes.

Ce chapitre sera divisé en trois sections. Dans la première il sera traité des effets des pactes nus (*pacta nuda*); dans la seconde, des pactes prétoriens, c'est-à-dire des cas exceptionnels où le simple pacte était considéré par le préteur comme suffisant pour produire action; dans la troisième, des pactes légitimes.

SECTION PREMIÈRE.

EFFETS DES PACTES NUS (*pacta nuda*).

Les pactes ne produisent pas de droits réels « *non nudis pactis dominia rerum transferuntur,* » dit la loi 20, C. *De pact.*, ils ne produisent pas non plus de droits personnels dont on puisse se prévaloir par voie d'action, et c'est en ce sens que la loi 7, § 4, *De pact.*, nous dit : « *Nuda pactio obligationem non parit.* » Tels sont les principes du droit romain. Cependant sous l'empire même de cette législation toute efficacité n'est pas refusée à la simple convention; insuffisante pour créer le *vinculum juris,* pour établir cette nécessité juridique qui constitue le principal caractère de la véritable obligation civile, elle est du moins admise comme pouvant produire une obligation naturelle, ou plus exactement une obligation civile imparfaite (*is naturâ debet quem jure gentium dare oportet, cujus fidem secuti sumus*); et celui qui a fait un pacte, s'il ne peut être contraint directement à l'exécuter, doit au moins ne commettre aucun acte qui ait pour conséquence la violation à la parole donnée et le mépris des règles du juste et de l'injuste. De là les principes suivants :

1° Celui qui aurait effectué un payement en exécution d'un simple pacte par lequel il s'était engagé à une prestation quelconque, n'aurait pas pu par la suite, et sous le prétexte qu'il n'était pas obligé civilement, intenter la *condictio indebiti*. La loi romaine voyait dans sa conduite même une reconnaissance formelle de la dette, excluant par conséquent toute idée de répétition; « *repetere non poterit quia naturale agnovit debitum,* » nous dit la loi 64, *De condict. indebit.* Celui qui avait ainsi reçu le payement était considéré comme ayant reçu ce qui lui était dû, et comme ne pouvant pas dès lors être contraint à une restitution, la *condictio indebiti* ayant été introduite « *ex æquo et bono et ne quid alterius apud alterum sit sine causâ.* » (V. L. 66 *eod.*)

2° Celui au profit duquel avait été fait un simple pacte pouvait s'en prévaloir par voie d'exception « *nuda pactio parit exceptionem,* » c'est-à-dire qu'il pouvait utilement invoquer comme moyen de défense aux poursuites dirigées contre lui le pacte par lequel le demandeur lui aurait fait, par exemple, remise soit de la totalité, soit d'une portion de la dette. C'était aussi par application de ce principe que l'obligation résultant du *pactum nudum* pouvait être opposée en compensation au moyen de l'exception de dol; « *etiam quod naturâ debetur venit in compensationem,* » nous dit la loi 6, *De compensat.*

3° Le pacte nu produisant une obligation imparfaite, il en résultait que toutes les garanties accessoires qui pouvaient se joindre à une véritable obligation civile pouvaient également intervenir à la suite d'un simple pacte pour assurer son exécution. Ainsi un fidéjusseur pouvait être donné : « *Omni obligationi fidejussor accedere potest.* » (V. L. *De fidej.*) Il en était de même d'un gage; bien plus, la rétention de la chose donnée en gage à l'occasion d'un contrat, par exemple d'un *mutuum,* pouvait avoir lieu pour l'exécution d'un pacte postérieur à ce contrat, mais qui en était l'accessoire, par exemple un pacte d'intérêt. C'est ce qui résulte de la loi 4 au Code *De usur.*, ainsi conçue : « *Per retentionem pignoris usuras servari posse de quibus præstandis convenit, licet stipulatio interposita non sit, merito constitutum est, et rationem habet, cum pignora conventione pacti etiam usuris obstricta sint.* » Le constitut était également possible et trouvait une base suffisante dans l'obligation résultant d'une simple convention; « *debitum vel naturâ sufficit,* » nous dit la loi 1, § 7, *De pecun. constit.*

4° Enfin la novation n'exigeant pour avoir lieu qu'une obligation simplement naturelle, « *non interest qualis processit obligatio, utrùm naturalis, an civilis an honoraria,* » aurait pu résulter d'un pacte.

Tels étaient les effets produits par la convention dégagée de tout fait (*res*), de toute solennité de paroles (*verba*), de toute mention sur les registres domestiques (*litteræ*). Dans quatre cas le droit civil lui-même avait admis que la seule convention produirait un contrat et par conséquent une action. (Vente, louage, société, mandat.) Nous allons voir dans les deux sections suivantes le droit des préteurs et celui des constitutions impériales apporter également de notables dérogations à la règle : « *Ex nudo pacto actio non datur.* »

SECTION DEUXIÈME.

DES PACTES PRÉTORIENS.

Le rôle des préteurs en droit romain ne se bornait pas à confirmer les dispositions du *jus civile* et à en assurer l'exécution par les moyens qu'ils avaient en leur puissance ; ils avaient encore pour mission de combler les lacunes que le laconisme du droit primitif avait nécessairement laissé subsister ; souvent même ils allaient jusqu'à se mettre en opposition directe avec les anciens principes, jusqu'à les combattre ouvertement et à leur en substituer de nouveaux. C'est ce qu'ils firent notamment dans la matière qui nous occupe ; certains pactes furent soustraits par eux aux règles du droit civil et devinrent obligatoires en vertu d'actions spéciales prétoriennes. Ces pactes que le préteur avait ainsi munis d'actions ont reçu, en théorie, la dénomination de pactes prétoriens. Nous en dirons quelques mots sans entrer dans l'examen des questions spéciales auxquelles chacun d'eux pourrait donner lieu et qui sont en dehors de notre sujet.

1° *Du pacte prétorien d'hypothèque.* — Chez les Romains, l'hypothèque n'appartenait pas au droit civil ; c'était une création toute prétorienne, inconnue, par conséquent, aux premiers siècles de Rome. Dans le principe, pour arriver à donner à un créancier des garanties réelles, on avait recours à une aliénation. Le débiteur qui empruntait mancipait sa chose au créancier ; seulement, par une clause dite de fiducie, le débiteur se réservait le droit de redemander la chose qu'il aliénait ainsi, lorsqu'il aurait remboursé la somme prêtée. Ce mode de donner des garanties aux créanciers s'appelait *mancipatio contractâ fiduciâ.* Cette situation, qui donnait sécurité complète au créancier était fort onéreuse pour le débiteur, qu'elle dépouillait tout à la fois et de la propriété et de la possession ; aussi, avec le temps, le droit se modifia-t-il et la *mancipatio* avec clause de fiducie fut remplacée par le contrat de gage. Ici il n'y avait plus d'aliénation de la part du débiteur, la propriété de la chose donnée en gage lui restait toujours, mais il était obligé d'en perdre la possession ; il devait en faire la tradition au créancier, et ce dernier, une fois nanti du gage, pouvait, à défaut de payement à l'échéance, l'aliéner même sans le concours du débiteur (voy. *Instit.*, liv. II, tit. viii, § 1) ; de sorte que s'il n'y avait pas directement et immédiatement aliénation, il y avait cependant quelque chose d'analogue, à savoir : la clause que le créancier pourrait aliéner *si pecunia non solvatur*, clause qui était sous-entendue par la loi dans tout contrat de gage. Enfin, la troisième situation du droit romain fut l'hypothèque ; sans perdre ni la propriété ni la possession de sa chose, le débiteur put alors, au moyen d'un simple pacte, constituer, au profit du créancier, non pas seulement un droit personnel, mais même un droit réel que la jurisprudence prétorienne garantit par une action. Ce fut le préteur Servius qui valida le premier le pacte d'hypothèque et accorda une action réelle contre les tiers détenteurs, laquelle prit le nom d'action servienne. Cette action n'était accordée, dans son origine, qu'au locateur d'un *prædium rusticum* relativement aux choses *quæ in fundo illata erant* et qui avaient été engagées par suite d'une convention expresse ; mais elle fut généralisée par la suite et accordée sous le nom de Servienne utile ou de quasi-Servienne à tout créancier avec lequel la convention d'hypothèque avait eu lieu.

2° *Pacte prétorien de constitut.* — Il arrivait souvent qu'une personne se trouvant débitrice d'une somme d'argent conduisait son créancier chez un banquier (*argentarius*), lequel s'engageait à payer en l'acquit du débiteur à une époque déterminée. Cette simple convention avait été de tout temps considérée comme obligatoire par le droit civil lui-même, qui dans ce cas accordait au créancier une action dite *receptitia*.

Ce que le droit civil avait fait pour un cas spécial fut généralisé par le droit prétorien, et la convention par laquelle une personne quelconque s'engageait envers un créancier à lui payer soit sa propre dette, soit celle d'un tiers, fut admise comme suffisante pour donner lieu à une action qui prit le nom d'action *de pecuniâ constitutâ*. Toutefois, le constitut ne put pendant longtemps s'appliquer qu'aux obligations de choses fongibles; ce ne fut que sous Justinien (voy. loi 2, C. *De pecuniâ constit.*) que toute espèce de dette, quelle que fût d'ailleurs la nature de la chose due, put faire l'objet d'un constitut.

3° *Pacte prétorien de jurejurando.* — Le pacte par lequel un débiteur convenait avec le créancier de lui payer ce qu'il réclamait, s'il voulait jurer qu'il était réellement créancier, produisait également une action prétorienne dite *de jurejurando*, au moyen de laquelle le créancier pouvait obtenir condamnation en prouvant uniquement qu'une convention de serment avait eu lieu, et qu'il avait prêté serment en vertu de cette convention. Toutefois, on peut remarquer qu'ici au pacte se joint un fait, à savoir : la prestation du serment; de telle sorte qu'il n'y a pas précisément dérogation au principe que le « *nudum pactum actionem non parit.* »

SECTION TROISIÈME.

DES PACTES LÉGITIMES.

Les constitutions impériales entrèrent dans la voie qui leur avait été tracée par le préteur; certains pactes furent mis par elles en dehors du droit commun, et devinrent productifs d'actions. Ils ont reçu dans la doctrine le nom de pactes légitimes.

. 1° *Pacte légitime de constitution de dot.* — Pendant plusieurs siècles, le principe universellement admis en droit romain fut que l'on ne pouvait constituer une dot que par dation, par diction ou par stipulation; « *Dos aut datur, aut dicitur, aut promittitur,* » nous dit Ulpien dans ses Règles, au titre *De dotibus.* Il fallait soit une translation immédiate de la propriété par l'un des modes du droit civil, soit un contrat verbal d'une nature toute spéciale appelée *dictio*, que la femme seule, ou son débiteur *jussu ejus*, ou ses ascendants « *virilis sexus per virilem sexum cognatione juncti* » pouvaient faire, soit enfin l'emploi des formes solennelles de la stipulation. Théodose et Valentinien, par une constitution qui est la loi 6 au Code *De dot. promiss.*, décidèrent que le simple pacte par lequel on serait convenu de fournir une dot serait désormais obligatoire, et que son exécution pourrait être réclamée directement par voie d'action : « *Ad*

exactionem dotis quam semel præstari placuit, qualiacumque sufficere verba cen-
semus, sive scripta fuerint, sive non, etiamsi stipulatio in pollicitatione rerum dota-
lium minime fuerit subsecuta. »

2° *Pacte légitime d'emphytéose.* — Le simple pacte par lequel une personne
convenait d'en faire jouir une autre à perpétuité d'un certain fonds, moyennant
une redevance fixe, avait été de tout temps dans la jurisprudence romaine
considéré comme obligatoire et productif d'action; seulement de longues controverses s'étaient élevées entre les jurisconsultes sur le point de savoir s'il fallait considérer cette opération comme une vente donnant lieu aux actions *ex*
empto et *ex vendito*, ou si au contraire il ne fallait y voir qu'un louage et
accorder les actions *locati* et *conducti*. Gaius, au n° 145 de son commentaire 3,
nous signale les discussions auxquelles cette question avait donné lieu, et nous
apprend que de son temps l'avis qui avait prévalu était celui qui, malgré la
perpétuité des obligations, n'y voyait qu'un louage « *sed magis placuit loca-*
tionem conductionemque esse. » L'empereur Zénon, pour lever toute espèce de
doute à cet égard, décida que cette convention ne devrait à l'avenir être considérée ni comme une vente, ni comme un louage, mais comme un *jus tertium*
ayant sa nature propre, « *et suis pactionibus fulciendum.* »

3° *Pacte légitime de donation.* — Il en fut à l'origine de la convention de
donner comme de toutes les autres; elle n'était pas obligatoire, alors même
qu'elle avait été rédigée par écrit; « *Professio donationis apud acta factæ, desti-*
nationem potiùs liberalitatis quàm affectum rei actæ continet. » Pour que la donation fût parfaite, il fallait soit la *mancipatio* ou la *cessio in jure* pour les choses
mancipi, soit la tradition pour les choses *nec mancipi*, soit enfin la stipulation, si
celui qui avait l'intention de faire une libéralité voulait seulement créer entre
lui et le donataire un lien d'obligation. La première dérogation aux principes
en cette matière fut apportée par une constitution de l'empereur Antonin, con-
firmée plus tard par Constantin dans la loi 4 au Code Théodosien *De donat.* ; il
fut admis que le simple pacte de donation serait productif d'action, mais seulement pour les libéralités qui interviendraient entre des ascendants et leurs
descendants, « *juxta divi Pii instituta, valere donationes placet inter liberos et*
parentes; in quocumque solo et cujuslibet rei liberalitas probabitur extitisse, licet
neque mancipatio dicatur neque traditio subsecuta, sed nuda tantùm voluntas cla-

ruerit quæ non dubium consilium teneat nec incertum. » Enfin, Justinien alla plus loin : généralisant la doctrine de la loi 4, il décida que la donation serait parfaite entre toutes personnes par le seul consentement du donateur et du donataire, *ad exemplum emptionis venditionis*, et que ce dernier pourrait directement par voie d'action exiger la tradition de la chose donnée, « *et necessitas tradendi incumberet donatori.* »

4° *Pacte légitime de compromis.* — Lorsque plusieurs personnes entre lesquelles existait une contestation convenaient de s'en rapporter à un tiers pour la décision du litige, cette convention n'était pas obligatoire, elle n'aurait pas donné d'action. Pour remédier à cet inconvénient, les parties avaient coutume de recourir à des stipulations réciproques au moyen desquelles chacun s'engageait à payer le montant d'une clause pénale, pour le cas où il n'exécuterait pas la sentence du tiers choisi comme arbitre. Justinien fut le premier qui décida que ces stipulations seraient désormais inutiles, et que la seule convention produirait action. Voici comment il s'exprime dans la loi 5 au Code, *De recept. arbit.* : « *Sancimus in eos arbitros quos solus consensus elegerit, sub eo pacto* UT EORUM DEFINITIONE STETUR; *non solum reo exceptionem veluti pacti generari, sed etiam actori ex nostro numine actionem.* »

L'action qui était donnée en exécution des pactes légitimes était la même pour tous; elle s'appelait *condictio ex lege.* « *Si obligatio lege nova introducta sit, nec cautum eadem lege quo genere actionis experiamur, ex lege agendum est.* »

Outre ces divers pactes que les constitutions impériales avaient ainsi rendue productifs d'actions et qui étaient en réalité de véritables contrats, bien qu'en fait ils eussent conservé la dénomination de pactes, la loi des douze tables ellemême avait admis que dans deux cas particuliers le *nudum pactum* suffirait pour opérer *ipso jure* extinction d'une obligation préexistante : « *Quædam actiones per pactum ipso jure tolluntur, ut injuriarum, item furti,* » nous dit la loi 17, § 1, *De pact.*, et dans les douze tables nous retrouvons également ces dispositions : « *Si membrum rupit, ni cum eo pacit, talio esto* »; « *si adorat furto quod nec manifestum escit, ni quis pro fure damnum deciderit, duplione damnum decidito.* »

CHAPITRE DEUXIÈME.

Des Pactes ajoutés.

La circonstance qu'un pacte n'était pas intervenu isolément entre les parties, mais qu'il était accompagné ou qu'il avait été précédé d'un contrat dont il ne figurait que comme l'accessoire, exerçait dans plusieurs cas une certaine influence sur la force obligatoire de ce pacte. Au lieu de rester toujours impuissant *ad dandam actionem*, le pacte prenait alors aux yeux même du droit civil un caractère obligatoire, et la même action qui était accordée pour garantir l'exécution du contrat était également donnée pour assurer l'efficacité du pacte.

Toutefois ce résultat ne se produisait pas d'une manière absolue et sans aucune distinction pour toute convention intervenue accessoirement à un contrat. Il fallait distinguer quelle était la nature du contrat principal; s'il était *bonæ fidei*, c'est-à-dire si toutes les contestations relatives à ce contrat devaient être réglées d'après les principes de la bonne foi et de l'équité; ou s'il était *stricti juris*, c'est-à-dire s'il était gouverné par les règles du droit civil pur, du droit rigoureux, et s'il répugnait à tout tempérament que l'équité prétorienne aurait voulu y apporter. Cette première distinction établie, il fallait rechercher si le pacte était intervenu *in continenti*, c'est-à-dire au moment même de la formation du contrat comme une clause qui s'y liait intimement, ou si au contraire il n'était intervenu qu'après coup, *ex intervallo*. Ce n'était pas tout; ce pacte pouvait avoir eu pour objet soit d'augmenter les obligations du débiteur, soit au contraire de les diminuer; il pouvait toucher à la substance du contrat ou n'avoir trait qu'aux choses qui étaient de sa nature. C'est à l'examen de toutes ces distinctions, souvent subtiles et délicates, mais indispensables pour déterminer d'une manière exacte les effets des pactes qui dans la doctrine ont reçu la dénomination de pactes ajoutés, que sera consacré ce chapitre.

Nous le diviserons en quatre sections dans lesquelles nous traiterons successivement :

1° Des pactes ajoutés *in continenti* à un contrat *bonæ fidei;*

2° Des pactes ajoutés *ex intervallo* à un contrat *bonæ fidei;*

3° Des pactes ajoutés *in continenti* à un contrat *stricti juris;*

4° Enfin des pactes ajoutés *ex intervallo* à un contrat *stricti juris.*

SECTION PREMIÈRE.

DES PACTES AJOUTÉS *in continenti* A UN CONTRAT *bonæ fidei.*

Ici la règle est simple. L'équité devant seule servir de base à l'appréciation que le juge était appelé à faire de tout ce qui s'était passé entre les parties contractantes, et toute latitude lui étant laissée pour statuer *ex æquo et bono,* il était naturel de décider que les pactes ajoutés *in continenti* à un contrat de bonne foi seraient considérés comme en faisant partie intégrante, et que par conséquent leur exécution serait assurée au moyen de l'action qui garantissait l'observation du contrat lui-même. Il n'y avait même pas ici à distinguer si ce pacte avait pour effet d'augmenter ou de diminuer les obligations ; du moment où il était intervenu *in continenti,* c'était une clause du contrat s'identifiant avec lui, ayant la même force obligatoire que lui.

C'est, du reste, ce qui résulte de plusieurs textes. Les lois 13 au Code *De pactis,* et 7, § 5, *eod. tit.* au Digeste, posent nettement le principe. Voici à cet égard comment elles s'expriment :

Loi 13, Code, De pactis.

In bonæ fidei contractibus, ita demum ex pacto actio competit, si in continenti fiat.

Dans les contrats de bonne foi, les pactes ajoutés produisent action, pourvu qu'ils soient intervenus *in continenti.*

Loi 7, § 5, Digeste, De pactis.

Interdum nuda pactio format ipsam actionem, ut in bonæ fidei judiciis. Solemus enim dicere *pacta conventa inesse bonæ fidei judiciis.* Sed hoc sic accipiendum est ut, si quidem ex continenti pacta subsecuta sunt, etiam ex parte actoris insint.

Le simple pacte produit quelquefois une action ; c'est lorsqu'il est ajouté à un contrat de bonne foi. Alors, en effet, c'est une règle de droit que le pacte s'identifie avec le contrat. Toutefois, pour que le créancier puisse ainsi intenter action en vertu d'un pacte, il faut que ce pacte ait été ajouté *in continenti.*

De ces deux textes résulte d'une manière évidente la preuve qu'un pacte ajouté *in continenti* à un contrat de bonne foi pouvait opérer *ipso jure* soit diminution des obligations du défendeur, soit aggravation de ces obligations ; et, dans ce dernier cas, l'action du contrat servait également à réclamer l'exécution du pacte.

Le Digeste contient des applications nombreuses de ce principe. Nous nous bornerons à en mentionner quelques-unes relatives aux pactes ajoutés soit au contrat de vente, soit au contrat de dépôt.

Il est de la nature du contrat de vente que le vendeur soit obligé vis-à-vis de l'acheteur à le garantir tant de l'éviction que des vices cachés. De son côté, l'acheteur doit au vendeur le prix de la chose et les intérêts de ce prix du jour de la délivrance. Mais il arrive quelquefois aux parties de convenir que le vendeur ne sera pas tenu à la garantie, ou au contraire qu'il en sera tenu plus strictement que d'après le droit commun : par exemple, qu'il devra fournir caution *de evictione.* De même, il peut avoir été entendu que l'acheteur, au lieu de devoir les intérêts du prix seulement à partir du jour de la délivrance, en sera comptable du jour même du contrat. Lorsque ces dérogations avaient été arrêtées par un pacte ajouté *in continenti* au contrat, elles augmentaient ou diminuaient de plein droit les obligations de chacun ; elles formaient la loi des parties. « *In emptionibus scimus quid prœstare venditor debeat, quidque ex contrario emptor ; quod si* IN CONTRAHENDO *aliquid exceptum fuerit, id servari debebit,* » dit la loi 43, *De pactis ;* et la loi 11, § 1, *De act. empti.* reproduisant la même idée, la motive ainsi : « *Cùm enim sit bonœ fidei judicium, nihil magis bonœ fidei congruit quàm id prœstari quod inter contrahentes actum est.* » Et ce n'est qu'à défaut de toute convention insérée au contrat qu'il fallait régler les obligations des contractants d'après le droit commun. « *Quod si nihil convenit, tunc ea prœstabuntur quœ naturaliter insunt hujus judicii potestate.* »

Le principe que les pactes ajoutés *in continenti* s'identifient avec le contrat avait même été poussé si loin, que lorsque dans la vente les parties avaient inséré le pacte commissoire, c'est-à-dire lorsqu'il avait été convenu que, si dans un délai déterminé, le prix n'était pas payé, la vente serait résolue ; on accordait même dans ce cas l'action *ex vendito* au vendeur pour réclamer l'exécution de ce pacte. Un rescrit des empereurs Antonin et Sévère avait à cet égard mis fin à la discussion qui existait sur ce point entre les deux écoles, les uns ne faisant pas difficulté d'accorder au vendeur l'action *ex vendito*, les autres, au contraire, ne voulant lui accorder qu'une action *in factum* (1).

De même, au cas de dépôt, s'il avait été convenu *in continenti* que le dépositaire, qui d'après le droit commun n'était pas tenu de la *culpa*, serait obligé *etiam culpam præstare*, les droits du déposant se trouvaient augmentés par ce simple pacte, *et ut fierent quæ pacto continebantur ex ipso contractu competebat actio*.

Les lois 24 et 26, § 1, *Depositi*, décident également que, si le dépôt a été accompagné d'un simple pacte par lequel le dépositaire est convenu de payer des intérêts au déposant, ce dernier pourra, au moyen de l'action *depositi directa*, obténir non-seulement la restitution de la somme par lui déposée, mais encore les intérêts de cette somme, absolument comme s'il y avait eu stipulation. « *Quia tantumdem in bonæ fidei judiciis officium judicis valet quantum in stipulatione nominatim ejus rei facta interrogatio,* » dit la loi 7, *De negot. gest.* C'est qu'en effet les pactes ajoutés *in continenti* à un contrat de bonne foi se trouvaient avoir autant de force qu'une stipulation, à cause du pouvoir accordé au juge dans toute action *bonæ fidei* de baser sa décision sur les règles de l'équité, et non sur la rigueur du droit.

SECTION DEUXIÈME.

La loi 72 *De contrah. empt.*, qui contient toute la théorie dés pactes ajoutés *ex intervallo* aux contrats de bonne foi, distingue les quatre hypothèses suivantes :

1° Le pacte ajouté *versatur circum adminicula* (2) *contractûs*, et il tend *ad mi-*

---

(1) V. L. 4, *De lege commiss.* — L. 12, *De præscript. verb.* — L. 2, C., *De pactis inter empt.*, et surtout L. 5, § 1, *De contrah. empt.*

(2) L'expression de *adminicula* est employée dans la loi 72 pour signifier tout ce qui ne tient pas à la substance du contrat (*substantialia*). C'est également dans ce sens que nous la reproduisons ici.

nuendam obligationem. Il a été convenu, par exemple, que le vendeur serait dispensé de fournir la *cautio duplæ* à laquelle l'acheteur avait droit de le contraindre. Dans ce cas, le pacte ne produisait en réalité que ses effets ordinaires, c'est-à-dire qu'il engendrait seulement une exception au profit de celui qui avait intérêt à s'en prévaloir, c'est ce que décide la loi 7, §. 5, *in fine, De pactis,* en ces termes : « *Sed ex parte rei locum habebit pactum; quia solent et ea pacta quæ postea interponuntur parere exceptiones.* » Mais comme l'exception de pacte n'était qu'un dérivé de l'exception de dol et n'avait pas besoin par conséquent d'être insérée dans la formule que le magistrat délivrait aux parties, puisqu'elle s'y trouvait tacitement comprise par suite de la nature même du contrat et de l'action qui en résultait, comme d'ailleurs le pacte tendait ici à exonérer le débiteur, à rendre sa position moins fâcheuse et non à l'aggraver, on était facilement arrivé à conclure que ce pacte devait être considéré, quant à ses effets, comme faisant partie du contrat, c'est-à-dire comme ayant opéré *ipso jure* diminution des obligations du défendeur. C'est ainsi que Papinien, dans la loi 72, *De contrah. empt.*, nous dit : « *Pacta conventa quæ postea facta detrahunt aliquid emptioni contineri contractu videntur.* » Le jurisconsulte par ces dernières expressions veut seulement nous expliquer que le pacte produit le même résultat que s'il avait été ajouté *in continenti;* l'équité, qui devait seule servir de règle dans les contrats de bonne foi, ne permettant pas que celui qui avait consenti à abandonner une partie de ses droits pût ensuite venir au moyen de l'action qui existait en sa faveur en réclamer l'exécution.

2° Le pacte ajouté *versatur circum adminicula contractûs,* mais il tend *ad augendam obligationem.* Par exemple, il a été convenu *ex post facto* que l'acheteur aurait droit d'exiger du vendeur la *cautio duplæ* cum fidejussore. Le pacte restera ici soumis au droit commun, c'est-à-dire qu'il sera impuissant *ad dandam actionem,* que celui dans l'intérêt duquel il est intervenu ne pourra pas s'en prévaloir par voie d'action. « *Ex intervallo pacta non inerunt, nec valebunt si agat, ne ex pacto actio nascatur,* » dit la loi 7, § 5, *De pactis;* et plus loin elle reproduit la même idée : « *Si post emptionem aliquid extra naturam contractus conveniat, ob hanc causam agi ex empto non posse, propter eamdem regulam : ne ex pacto actio nascatur.* » C'est qu'en effet du moment où le pacte se détachait du contrat d'une manière telle qu'il devenait impossible de dire qu'il en faisait partie intégrante, l'équité n'exigeait plus que son exécution fût assurée par l'action de ce contrat ; bien plus, il eût été inique de déroger à la règle générale des pactes pour aggraver la position du débiteur. Les termes de la loi 72, *De contrah. empt.*, pourraient cependant faire supposer qu'il y avait eu controverse à cet égard, et que l'opinion la plus favorable à la partie obligée n'avait pas été unanimement admise ; car Papinien, d'ordinaire si positif et si net dans toutes les propositions qu'il avance, se borne ici à nous dire : « *Pacta vero quæ adjiciunt credimus non inesse.* » Mais aucun autre texte ne paraît faire mention de cette divergence d'opinions, et la loi 72 elle-même ne mentionne pas les motifs qui auraient pu déterminer quelques jurisconsultes à faire ici produire au pacte une action. Nous devons donc considérer comme certain que la règle « *Nuda pactio actionem non parit* » recevait son application lorsque la convention tendant à aggraver les obligations du débiteur n'était intervenue qu'après coup.

Mais si l'exécution du pacte qui tendait *ad augendam obligationem* ne pouvait pas être demandée directement par voie d'action, elle pouvait du moins être obtenue d'une manière détournée par voie d'exception dans certains cas. Tel est le sens de ces mots de la loi 72 : « *Sed quo casu agente emptore non valet pactum, idem vires habebit jure exceptionis, agente venditore.* » L'acheteur n'aurait pas pu par l'action *ex empto* contraindre le vendeur à exécuter le pacte par lequel il était convenu de prester la *cautio duplæ* CUM FIDEJUSSORE ; mais si c'était le vendeur qui intentait l'action *ex vendito* contre l'acheteur pour le contraindre au payement du prix, celui-ci pouvait toujours, au moyen de l'exception de pacte qu'il n'avait pas même besoin de faire insérer dans la formule, se refuser à effectuer le payement du prix tant que le vendeur n'aurait pas de son côté fourni le fidéjusseur qu'il s'était obligé à donner.

3° Le pacte ajouté *versatur circum substantialia*, et il est intervenu *rebus adhuc integris aut in integrum restitutis.* (V. l. 58 , *De pactis.*) — Lorsqu'à la suite d'un des quatre contrats consensuels était intervenu *ex intervallo* un pacte portant sur l'un des éléments essentiels de ce contrat ; par exemple, lorsqu'on était convenu que le prix de vente primitivement fixé par les parties serait modifié soit en plus, soit en moins, la décision que nous trouvons consacrée dans les textes, sans qu'il y ait à distinguer si le pacte tend *ad augendam* ou *ad minuendam obliga-*

tionem, c'est que ce pacte doit être considéré comme ayant opéré révocation tacite du contrat primitif, et comme en formant un nouveau qui doit seul désormais recevoir son exécution. « *Si de augendo vel diminuendo pretio rursum convenit, recessum à priore contractu, et nova emptio intercessisse videtur,* » dit la loi 72, *De contrah. empt.*; la loi 2, *De rescind. vendit.*, n'est pas moins explicite; voici comment elle s'exprime : « *Si quam rem à te emi, eamdem rursus à te pluris minorisve emero, discessimus à priore emptione, potest enim conventione nostrâ infecta fieri emptio, atque ita consistit posterior emptio quasi nulla præcesserit.* » Toutefois, pour qu'un pareil résultat pût se produire, il fallait que les choses fussent encore entières lorsque le pacte était intervenu, c'est-à-dire que le premier contrat n'eût encore été exécuté de part ni d'autre ; « *omnibus integris manentibus, dum res integra est,* » disent et répètent les textes.

On comprend aisément, lorsque le pacte ajouté tendait à diminuer les obligations de l'une des parties, que la circonstance que ce pacte avait trait à quelque élément essentiel du contrat n'empêchât pas d'appliquer la règle que nous avons énoncée plus haut, à savoir: que « *pacta, quamvis postea facta, quæ detrahunt aliquid, contineri contractui videntur.* » Il n'était pas pour cela nécessaire de recourir, comme le font les textes, à l'idée de révocation du contrat primitif; le principe que l'exception de pacte est tacitement comprise dans les actions dérivant des contrats de bonne foi suffisait ici pour faire produire au pacte tous ses effets. Mais c'est lorsque la convention tendait à aggraver la position de l'une des parties qu'il devenait utile, pour ne pas se trouver en opposition flagrante avec la règle : « *Ex nudo pacto actio non nascitur,* » de supposer que les parties avaient entendu opérer novation du contrat primitif, et lui en substituer un nouveau dont le principe générateur se trouvait dans le pacte lui-même. Aussi voyons-nous tous les textes relatifs à cette question contenir l'idée d'une novation, d'une extinction des premières obligations par la création d'obligations nouvelles. C'est en même temps ce qui nous explique pourquoi il fallait que les choses fussent encore entières pour que le pacte pût ici produire action au profit de l'un des contractants; s'il y avait déjà eu exécution partielle du premier contrat, toute novation eût été impossible, et l'idée que « *proficit pactum ad novum contractum* » (v. l. 27, § 2, *De pactis*), ne pouvant plus être sous-entendue, il aurait fallu appliquer le principe de la loi 7 : « *Nuda pactio actionem non parit.* » Nous trouvons du reste dans la même loi 7, § 6, la question examinée en détail par Ulpien ; après avoir posé en principe que les contrats consensuels peuvent, *re nondum secutâ*, être résolus par une convention en sens contraire intervenue *ex intervallo*, le jurisconsulte en conclut que les parties pourraient également par leur pacte ne résoudre qu'une partie du contrat (*Si igitur in totum potest ; cur non et pars ejus pactione mutari potest*), puis, passant à l'examen du cas où le pacte aurait pour objet non plus de diminuer les obligations, mais au contraire de les augmenter, voici comment il s'exprime : « *Quod cum est, etiam ex parte argentis pactio locum habet, ut et ad actionem proficiat, nondum re secuta eadem ratione ; nam si potest tota res tolli, cur non et reformari, ut quodammodo* QUASI RENOVATUS *contractus videatur? Quod non insubtiliter dici potest.* » On considère ici que le premier contrat a été implicitement dissous par le mutuel dissentiment des parties, et on voit dans le pacte la cause d'un nouveau contrat ; telle est toute la théorie *non insubtilis*, comme le dit Ulpien lui-même, des lois que nous venons d'examiner.

4° Le pacte ajouté *versatur circum substantialia*, mais il est intervenu *rebus non jam integris*. — Par exemple, l'acheteur a déjà exécuté son obligation vis-à-vis du vendeur, il lui a payé son prix. Dans ce cas, le pacte qui interviendrait sur quelque élément essentiel du contrat restera soumis à la règle de droit commun ; il pourra être invoqué par voie d'exception, mais non par voie d'action. C'est ce que décide la loi 2, *De rescind. vendit.*, qui, après avoir constaté que le pacte intervenu *circum substantialia* produisait action comme un véritable contrat, ajoute : « *Sed non poterimus eâdem ratione uti post pretium solutum emptione repetitâ, cum post pretium solutum infectam emptionem facere non possumus.* »

SECTION TROISIÈME.

DES PACTES AJOUTÉS *in continenti* A UN CONTRAT *stricti juris.*

Les effets des pactes ajoutés *in continenti* aux contrats *stricti juris* ne paraissent pas avoir toujours été les mêmes à toutes les époques du droit romain ; nous devons donc successivement les envisager d'après le droit des Pandectes, à l'époque où le système formulaire était dans toute sa vigueur, et d'après le droit du Bas-Empire, au moment où la procédure extraordinaire commence à se substituer au système précédent.

1° *Des pactes ajoutés in continenti à un mutuum et tendant ad minuendam obligationem.* — Par exemple, je vous ai donné dix en *mutuum* et il a été convenu par pacte que vous ne seriez tenu de me restituer que neuf. — L'effet de pareilles conventions dut être dans le principe, non d'opérer de plein droit diminution des obligations du débiteur, comme cela avait lieu dans les contrats de bonne foi, mais de créer au profit de la partie obligée une exception au moyen de laquelle elle pouvait parvenir à paralyser les poursuites du créancier, pourvu toutefois qu'elle eût pris soin de faire insérer cette exception dans la formule. En effet, dans les actions dérivant d'un contrat de droit strict, il était impossible de dire que l'exception de pacte se trouvait sous-entendue ; le juge n'avait pas le pouvoir de suppléer *ex æquo et bono* aux termes de la formule, et l'omission du débiteur aurait entraîné sa condamnation au mépris du pacte qui était intervenu. Mais plus tard, lorsque les principes de l'équité tendirent à se suppléer à ce droit parfois rigoureux jusqu'à l'injustice, on voit une controverse s'élever entre les jurisconsultes romains, les uns prétendant qu'en pareil cas le pacte ajouté devait suffire pour diminuer de plein droit les obligations du débiteur, les autres au contraire plus attachés à l'ancienne pratique et soutenant qu'il n'y avait là qu'une exception qui devait, pour être efficace, avoir été insérée dans la formule. Le jurisconsulte Ulpien dans la loi 11, § 1, *De reb. cred.*, nous rapporte cette divergence d'opinions, et il semble approuver le système qui tendait à laisser de côté les subtilités de la procédure ; voici comment il s'exprime : « *Si tibi dedero decem sic ut novem debeas ; Proculus ait, et recte, non amplius te ipso jure debere quam novem.* » La procédure formulaire était encore en pleine vigueur à l'époque d'Ulpien, et déjà, comme on le voit, la jurisprudence tendait à simplifier les choses et à les ramener aux règles qui étaient suivies pour les contrats de bonne foi. Lorsque le système de la procédure *extra ordinem* se fut généralisé, l'opinion de Proculus devint probablement la règle commune, et il fut vrai de dire pour les pactes ajoutés *in continenti* au *mutuum* que « *contractui inerant ex parte rei,* » c'est-à-dire qu'ils diminuaient de plein droit les obligations du défendeur.

2° *Des pactes ajoutés* in continenti *à une stipulation et tendant* ad minuendam obligationem. — Ce que nous venons de dire des pactes ajoutés au *mutuum* s'applique également à ceux qui accompagnaient la stipulation. Dans le principe, ils durent seulement produire une exception dont le défendeur ne pouvait se prévaloir *in judicio* qu'autant qu'il avait eu soin de l'invoquer *in jure*. Plus tard les mêmes controverses que nous avons signalées se reproduisirent à propos des *pacta adjecta stipulationi*. Paul, dans la loi 4, § 3, *De pactis*, se range du côté des novateurs et décide « *conditionem inesse stipulationi atque si hoc expressum fuisset;* » Julien au contraire dans la loi 56, § 4, *De verb. oblig.*, semble défendre l'ancien système : « *Qui ita stipulatur : Decem,* QUOAD VIVAM, *dari spondes? confestim decem dari recte petit; sed heres ejus exceptione pacti conventi summovendus est.* » Les Instituts de Justinien, qui reproduisent ce dernier texte (V. § 3, *De verb. oblig.*), pourraient faire supposer que c'était l'opinion de Julien qui avait prévalu ; mais il nous semble bien difficile d'admettre que Justinien ait ainsi préféré le système rigoureux de l'ancien droit à l'avis si équitable de Paul. Nous aimons mieux croire que c'est là un de ces fragments qui n'avaient plus leur raison d'être après l'abolition des formules, et que Tribonien aura conservé par inadvertance.

3° *Des pactes ajoutés* in continenti *au* mutuum *tendant* ad augendam obligationem. — En ce qui concerne ces pactes, le principe qui se conserva intact jusque sous le Bas-Empire, ce fut qu'ils ne pouvaient pas produire d'action et que leur exécution ne pouvait pas être réclamée par le créancier en tant que demandeur. « *Si decem dedero* UT UNDECIM DEBEAS, *putat Proculus ampliùs quàm decem condici non posse,* » dit la loi 11, § 1, *De reb. credit.* La loi 17, *in pr.*, *De pactis*, contient la même décision et elle nous en donne en même temps le motif : « *Si tibi decem dem et paciscar* UT VIGINTI MIHI DEBEANTUR, *non nascitur obligatio ultra decem; re enim non potest obligatio contrahi, nisi quatenus datum sit.* » En effet, l'obligation résultant du *mutuum* se formait *re;* l'emprunteur n'était obligé que parce qu'il avait reçu et en tant qu'il avait reçu, et une simple convention ne pouvait pas suppléer au fait matériel de la dation, de manière à produire action. Nous trouvons également, tant au Code qu'au Digeste, une foule de textes décidant d'une manière unanime que le pacte d'intérêts qui accompagne un *mutuum* ne donne pas action au créancier pour réclamer le payement de ces intérêts. (V. l. 3, 4, 22, C. *De usuris*.)

Deux constitutions du Bas-Empire, l'une de l'empereur Alexandre Sévère et l'autre de l'empereur Philippe, antérieures à la révolution qui s'accomplit dans la procédure, mais datant d'une époque où l'*ordo judiciorum* perdait déjà beaucoup de son ancien prestige et commençait à être vivement attaqué, paraissent avoir apporté dans la matière qui nous occupe une innovation considérable en décidant que le pacte ajouté *in continenti* au *mutuum* pourrait, dans certains cas, produire action au profit du créancier. Voici, en effet, comment s'exprime la loi 12 au Code, *De usuris*, en présence d'un prêt de denrées qui avait été accompagné d'un pacte d'intérêts : « *Frumenti vel hordei mutuo dati accessio etiam ex nudo pacto præstanda est.* » La loi 23 du même titre n'est pas moins explicite ; raisonnant dans la même hypothèse, elle nous dit : *« Oleo quidem vel quibus cumque fructibus mutuo datis, incerti pretii ratio additamenta usurarum ejusdem materiæ suasit admitti. »*

Faut-il généraliser la décision de ces deux lois et admettre qu'à partir d'Alexandre Sévère les pactes ajoutés à un *mutuum* quelconque purent produire action au profit du créancier? faut-il, au contraire, restreindre la portée de ces textes à l'hypothèse spéciale qu'ils prévoient, c'est-à-dire au cas où le *mutuum* a pour objet des denrées? C'est ce dernier avis que nous croyons devoir adopter. Sans doute il eût été logique, du moment où l'on dérogeait aux principes pour les pactes accompagnant un prêt de denrées, d'étendre également cette dérogation au cas où le prêt portait sur une somme d'argent (*certa pecunia*), et c'est sans doute ce qui serait arrivé si une raison toute spéciale à la procédure romaine ne s'y était opposée. Lorsqu'il s'agissait d'un *mutuum certæ pecuniæ*, la formule que le magistrat délivrait au demandeur contenait une *intentio certa* et une *condemnatio certa* : *Si paret Numerium Negidium Aulo Agerio* CENTUM *dare oportere judex Numerium Negidium Aulo Agerio* CENTUM *condemna*. Or, une formule ainsi conçue ne pouvait admettre aucune addition de quelque nature qu'elle fût; il était impossible au juge de condamner le défendeur à une somme plus élevée que celle qui était indiquée dans la formule; et décider le contraire par une loi, c'eût été bouleverser d'une manière complète la procédure établie que l'on consentait à éluder et à violer quant au fond, mais pour laquelle on conservait encore dans la forme une apparence de respect. Aussi l'ancienne règle fut-elle maintenue en ce qui concernait le *mutuum certæ pecuniæ*, les pactes qui y avaient été ajoutés continuèrent à ne produire qu'une exception, mais non une action. Au contraire, lorsque le *mutuum* portait sur des denrées, l'action à laquelle il donnait naissance, c'était la *condictio triticaria;* or, dans la formule de cette action, l'*intentio* était bien *certa,* mais la *condemnatio* était *incerta,* c'est-à-dire que, la condamnation devant être pécuniaire, le juge avait à apprécier la valeur des denrées données en *mutuum*. Ce fut cette latitude d'appréciation laissée au juge dans la *condemnatio* qui servit de base à l'innovation des lois 12 et 23 ; cette dernière loi y fait même allusion d'une manière évidente lorsqu'elle se sert des mots : « *Incerti pretii ratio.* »

Toutes ces distinctions auraient dû disparaître avec l'abolition du système formulaire, mais il n'en fut pas ainsi, et les pactes ajoutés *in continenti* à un *mutuum certæ pecuniæ* continuèrent toujours à ne pas produire d'action. Aucun texte du moins ne paraît décider le contraire.

4° *Des pactes ajoutés in continenti à la stipulation tendant ad augendam obligationem.* — Il en fut dans le principe de ces pactes comme de ceux qui étaient ajoutés au *mutuum;* le créancier pouvait bien s'en prévaloir par voie d'exception si l'occasion s'en présentait, mais il ne pouvait pas directement par voie d'action en réclamer l'exécution. Les pouvoirs restreints du *judex* ne lui permettaient pas d'examiner autre chose que le contrat lui-même; la stipulation seule, dégagée de toute espèce d'accessoire, de toute considération d'équité, devait servir de base à sa décision. Plus tard, ce qui s'était produit dans certains cas pour les conventions jointes à un prêt tendit également à prévaloir pour les pactes ajoutés *in continenti* à la stipulation, et ils finirent par être considérés comme constituant une obligation parfaite, dont l'accomplissement pouvait être réclamé par l'action du contrat. Telle est du moins l'opinion généralement admise et qui nous paraît la plus vraisemblable. Mais c'est une question difficile à résoudre que de déterminer d'une manière précise l'époque de cette innovation et son étendue; précéda-t-elle la décision des lois 12 et 23 dont nous avons parlé plus haut, et fut-elle applicable même aux pactes qui accompagnaient la *stipulatio certæ pecuniæ?* Faut-il, au contraire, admettre que ce ne fut qu'à partir de ces lois et dans la mesure indiquée par elles que les pactes ajoutés *in continenti* à la stipulation produisirent action? Sur ce point les textes laissent beaucoup d'obscurité, et la question ne paraît résolue d'une manière décisive par aucune loi.

L'opinion la plus accréditée est celle d'après laquelle les pactes ajoutés *in continenti* à une stipulation *quelconque* auraient produit action du temps même des jurisconsultes Paul et Ulpien. A l'appui de ce système trois textes sont invoqués. Le premier, que son étendue ne nous permet pas de reproduire ici, est la loi 40, *De reb. credit.*, dont on détache les deux passages suivants : « *Pacta in continenti facta stipulationi inesse creduntur*, » et « *ad exceptionem tantum pactum non prodest, sententia enim diversa obtinuit.* » Décider que les pactes ajoutés *insunt stipulationi*, et que *ad exceptionem tantum non prosunt*, n'est-ce pas, dit-on, admettre implicitement qu'ils produisent action? Le second texte invoqué par les partisans de ce système est la loi 1, § 3, *in fine, De verb. oblig.*, ainsi conçue : « *Cum quis interrogatus adjicit aliquid vel detrahit obligationi, semper probandum est vitiatam esse obligationem, nisi stipulatori diversitas responsionis illico placuerit, tunc enim alia stipulatio contracta esse videtur.* » Enfin on tire aussi argument de la loi 27, au Code *De pactis*, où il est dit : « *Petens ex stipulatione, quæ placiti servandi causa secuta est, seu antecessit pactum, seu post statim interpositum sit, recte secundum se ferri sententiam postulat.* »

Nous croyons cependant devoir repousser ce système. Aucun texte, selon nous, ne tranche la question d'une manière assez nette pour que nous puissions en conclure qu'à l'époque de Paul et d'Ulpien les pactes ajoutés *in continenti* à la stipulation produisaient déjà action, et l'innovation qui nous occupe en ce moment était assez importante pour qu'il soit à présumer que ces jurisconsultes n'auraient pas manqué d'en faire mention si elle se fût produite de leur temps. Sans doute il est possible que, dès l'époque de Paul et d'Ulpien, les principes d'équité, qui tendaient de plus en plus à l'emporter sur le vieux droit romain, aient suggéré l'idée d'identifier les pactes ajoutés *in continenti* à une stipulation avec le contrat lui-même, il est même probable que cette thèse était déjà soutenue par quelques esprits novateurs ; mais rien n'autorise à admettre qu'en fait et dans la pratique ce système ait prévalu à une époque antérieure aux lois 12 et 23 ; nous croyons donc, à défaut de preuve contraire, que ce ne fut qu'à partir de l'empereur Alexandre Sévère, et comme par une conséquence de la constitution qu'il avait rendue pour les pactes ajoutés au *mutuum*, que les pactes ajoutés à la stipulation durent également produire action. Nous admettons également et pour les mêmes motifs que nous avons donnés plus haut, que, lorsqu'il s'agissait d'une *stipulatio certæ pecuniæ*, le caractère de la formule qui était délivrée aux parties ne permettait pas que l'exécution des pactes qui y avaient été joints pût être réclamée directement par voie d'action.

A l'argument que l'on voudrait tirer dans le système contraire de quelques phrases détachées de la loi 40, *De reb. credit.*, nous répondons que toutes les expressions employées par le jurisconsulte Paul dans cette loi doivent être interprétées *secundùm subjectam materiam*, et que c'est leur donner une portée beaucoup trop grande que de les isoler de tout ce qui précède et de tout ce qui suit pour en faire une espèce de point doctrinal dont on tire une conséquence exagérée. Dans la loi 40 il s'agissait d'un pacte ajouté tendant non pas *ad augendam*, mais *ad minuendam stipulationem ;* la question débattue ne pouvait donc pas être de savoir si ce pacte produirait action, puisque, pour qu'il y ait intérêt à savoir si un pacte produit action, il faut naturellement supposer qu'il s'agit d'un pacte dont l'effet est d'augmenter et non de diminuer les obligations du débiteur. Une partie de la contestation roulait sur l'étendue des effets de la convention qui avait accompagné le contrat; pouvait-elle opérer *ipso jure* ou seulement *exceptionis ope ?* Tel était l'objet de la discussion. Paul soutenait qu'il y avait eu de plein droit diminution des obligations du défendeur, parce que, disait-il, « *Pacta in continenti facta stipulationi inesse creduntur* »; c'est-à-dire qu'il admettait avec la majorité des jurisconsultes que les pactes ajoutés favorables au débiteur devaient être considérés comme faisant partie du contrat, alors même qu'il s'agissait d'un contrat *stricti juris* (V. L. 4, § 3, *De pactis*), et à ceux qui voulaient s'en tenir à l'ancien droit et qui prétendaient qu'il fallait que l'exception de pacte eût été insérée dans la formule, il répondait en invoquant l'avis du plus grand nombre « *diversa sententia obtinuit* (1). » Mais

---

(1) Ces expressions de la loi 40, *De reb. credit.*, peuvent aussi s'entendre dans un autre sens. Cette loi suppose une affaire qui se plaidait en appel devant Papinien, préfet du prétoire (*in auditorio*); il serait possible que les mots *diversa sententia obtinuit* fissent allusion à la décision des juges de première instance.

il n'allait pas plus loin; il restreignait sa décision au cas où le pacte tendait à exonérer le débiteur, sans examiner l'hypothèse où il avait au contraire pour résultat d'aggraver sa position.

La loi 1, § 3, *De verb. oblig.*, ne nous paraît pas offrir un argument plus décisif aux partisans de l'opinion que nous combattons. Il résulte bien de ce texte que les anciens principes, en vertu desquels il fallait pour qu'une stipulation fût valable que la réponse concordât avec la demande, commençaient à être abandonnés et à être remplacés par un droit moins rigoureux; mais la question qui est examinée par le jurisconsulte Ulpien est une question de validité et d'efficacité de la stipulation elle-même, et non d'un pacte qui y aurait été ajouté. Bien plus, même en admettant que le § 3 de notre loi raisonne dans l'hypothèse d'un pacte ajouté, on ne saurait en tirer une conclusion contraire au système que nous avons adopté, car le § 4 restreint immédiatement la portée trop étendue que l'on aurait pu donner au § 3. Voici, en effet, comment il s'exprime : « *Si stipulanti mihi decem tu viginti respondeas,* NON ESSE CONTRACTAM OBLIGATIONEM NISI IN DECEM CONSTAT. *Ex contrario quoque si me viginti interrogante, tu decem respondeas, obligatio nisi in decem non erit contracta.* » Ulpien veut bien déroger au droit strict et admettre que la stipulation sera valable quoique la réponse n'ait pas concordé avec la demande, lorsque la réponse restreint l'étendue de la demande faite par le stipulant; mais si, au contraire, la réponse ajoute à la demande, si, par exemple, lorsque je stipulais dix vous me promettez vingt, le jurisconsulte décide immédiatement qu'il n'y a obligation que jusqu'à concurrence de dix. Donc, en voyant ici une espèce de pacte ajouté, il faudrait toujours décider que toutes les fois qu'il tendait à augmenter les droits du créancier il restait sans efficacité et ne produisait pas d'action.

Quant à la constitution 27, au Code, *De pactis*, nous ferons remarquer qu'elle émane des empereurs Dioclétien et Maximien, et qu'elle est par conséquent d'une époque postérieure aux lois 12 et 13; aucun argument ne saurait donc en être tiré relativement à la question qui nous occupe. D'ailleurs, l'hypothèse qu'elle prévoit est celle d'une stipulation ajoutée à un pacte (*placiti servandi causa*), et non d'un pacte ajouté à une stipulation.

La 7, § 5, *De pactis*, nous offre en outre un argument *à contrario* très-puissant pour soutenir qu'à l'époque de Paul et d'Ulpien les pactes ajoutés *in conti-*

nenti à la stipulation ne produisaient pas encore d'action. Il est impossible d'admettre qu'Ulpien, qui, dans cette loi, traitait *ex professo* la matière des pactes ajoutés et qui indiquait d'une manière si nette la différence entre le cas où ils accompagnaient des contrats de bonne foi et celui où ils étaient joints à un contrat de droit étroit, eût négligé de nous parler des pactes ajoutés à la stipulation, si de son temps ils avaient déjà produit action. La stipulation était un contrat trop usuel, trop fréquent dans la pratique romaine pour que le silence des jurisconsultes qui ont écrit dans les Pandectes relativement à la matière qui nous occupe puisse s'interpréter autrement que par l'absence de toute innovation antérieure aux lois 12 et 23.

SECTION QUATRIÈME.

DES PACTES AJOUTÉS ex intervallo A UN CONTRAT stricti juris.

Pour ces pactes, le principe qui resta toujours en vigueur et auquel aucun texte même du Bas-Empire ne paraît avoir dérogé, c'est qu'ils ne pouvaient pas être invoqués par voie d'action, mais qu'ils pouvaient seulement produire une exception. L'intervalle qui s'était écoulé ici entre le contrat et le pacte accessoire ne permettait plus de voir dans l'acte des parties autre chose que « *nuda pactio quæ obligationem non parit, sed parit exceptionem.* »

La loi 41, *De pactis,* nous en offre un exemple : « *Intra illum diem debiti partem mihi si solveris, acceptum tibi residuum feram et te liberabo; licet actionem non habet, pacti tamen exceptionem competere debitori constitit.* » Un prêt avait été fait par *Primus* à *Secundus.* Postérieurement à ce prêt (*ex intervallo*), il est intervenu entre le créancier et le débiteur un pacte par lequel il a été convenu (sans doute parce que le créancier avait besoin d'argent, et que le jour de l'échéance était encore éloigné) que si, dans un certain délai, le débiteur remboursait une partie de la dette, il lui serait fait remise du surplus par acceptilation. Papinien se demande si, dans le cas où le créancier refuserait d'accepter les offres qui lui seraient faites par le débiteur conformément au pacte, il faudrait accorder à ce dernier une action pour se faire libérer du surplus, et il décide que non, mais qu'il pourra seulement opposer l'exception de pacte dans le cas où il viendrait à être poursuivi en payement de la totalité de la dette. C'est à tort qu'Accurse suppose en commentant cette loi que le créancier avait accepté les offres du débiteur, car s'il en eût été ainsi aucun doute n'aurait pu s'élever; par suite de la *datio* le pacte serait devenu un contrat innommé (*do ut facias*), dont l'exécution aurait été garantie par l'action *præscriptis verbis*.

En résumé, les pactes ajoutés *in continenti* à un contrat de bonne foi s'identifiaient avec ce contrat (*inerant contractui etiam ex parte actoris*), en conséquence ils opéraient *ipso jure*, soit diminution, soit aggravation des obligations.

Quant aux pactes ajoutés *ex intervallo* aux contrats de bonne foi, il fallait distinguer *si versarentur circum adminicula* ou *circum substantialia*. Au premier cas, ils opéraient de plein droit diminution des obligations, mais ils ne produisaient pas d'action. Au second cas, ils étaient considérés comme ayant opéré révocation tacite du premier contrat et en ayant formé un nouveau; mais pour cela il fallait que les choses fussent encore entières (*rebus integris*).

Les pactes ajoutés *in continenti* à un contrat de droit strict restèrent longtemps inefficaces *ad agendum;* ce n'est qu'à partir d'Alexandre Sévère qu'ils commencèrent à produire action, excepté toutefois lorsqu'ils avaient pour objet une somme d'argent (*pecunia certa*); nous croyons qu'il n'y a pas à cet égard à distinguer entre le *mutuum* et la stipulation. Mais lorsque le pacte tendait à diminuer les obligations du débiteur, la majorité des jurisconsultes tendait déjà à admettre *jure Pandectarum*, qu'il y avait eu *ipso jure* et non pas seulement *exceptionis ope* diminution de la dette.

Enfin les pactes ajoutés *ex intervallo* à un contrat de droit strict ne produisirent jamais d'action, ils pouvaient seulement être invoqués *exceptionis ope*.

CHAPITRE TROISIÈME.

Du pacte DE NON PETENDO.

Les modes d'extinction des obligations se divisaient d'après le droit romain en deux classes bien distinctes. Les uns, qui étaient les véritables modes d'extinction consacrés par le droit civil opéraient *ipso jure*, c'est-à-dire que le lien, de droit, le *vinculum juris*, n'existait plus désormais ni en vertu du droit civil, ni en vertu du droit prétorien. Les autres n'entraînaient extinction que *exceptionis ope*, c'est-à-dire que le *vinculum juris* subsistait toujours d'après le droit civil rigoureux, mais que le droit prétorien, ami de l'équité, en paralysait l'efficacité au moyen d'une exception qu'il accordait au défendeur contre la demande du créancier.

Cette distinction des modes d'extinction des obligations, suivant qu'ils opéraient *ipso jure* ou seulement *exceptionis ope*, était surtout importante à l'époque de la procédure formulaire, alors que le juge, bien distinct du magistrat, ne tenait son pouvoir que de la formule qui était délivrée par ce dernier au demandeur. En effet, s'il y avait eu mode d'extinction *ipso jure*, il pouvait toujours être invoqué en tout état de cause, soit *in jure*, soit *in judicio*, tant dans les actions de droit strict que dans les actions de bonne foi. Au contraire, l'extinction de l'obligation *exceptionis ope* ne pouvait être invoquée en tout état de cause que lorsqu'il s'agissait d'une action de bonne foi; que si au contraire l'action était *stricti juris*, le défendeur ne pouvait s'en prévaloir *in judicio* qu'autant qu'au préalable il avait eu soin de faire insérer par le magistrat une exception dans la formule.

Lorsque l'*ordo judiciorum* fut tombé en désuétude, et que la confusion entre le magistrat et le juge se fut complètement opérée, l'utilité principale de cette distinction disparut. Mais il ne faudrait pas en conclure qu'il fut dès lors complétement inutile de savoir si l'extinction de l'obligation avait eu lieu *ipso jure* ou *exceptionis ope*. Même sous la procédure extraordinaire, cette distinction était utile à un triple point de vue :

1° Lorsque l'obligation était éteinte *ipso jure*, aucune circonstance n'aurait pu la faire revivre; tout ce que pouvaient faire les parties, c'était de créer une obligation nouvelle analogue à la première.

Au contraire, si l'obligation n'était éteinte que *exceptionis ope*, il fallait d'abord examiner la nature de cette exception, car il était possible qu'elle ne pût être opposée qu'à tel demandeur déterminé, ou par le débiteur seul et non par ses héritiers. De plus, comme cette obligation subsistait toujours d'après le droit civil, mais que seulement elle était rendue inutile par l'exception que le droit prétorien accordait au défendeur, il suffisait pour lui rendre son efficacité de créer au profit du demandeur une exception à l'exception du défendeur, laquelle prenait le nom de réplique.

2° L'obligation éteinte *ipso jure* ne pouvait plus servir de base à un cautionnement ou à toute autre opération accessoire; il en était autrement de l'obligation qui n'était éteinte que *exceptionis ope*.

3° Enfin, l'obligation éteinte *exceptionis ope*, subsistant encore en droit strict, pouvait être l'objet d'une novation, d'un legs. Il n'en était pas de même de l'obligation éteinte *ipso jure*.

C'est dans la classe des modes d'extinction *exceptionis ope* que figure le pacte *de non petendo*, dont nous avons maintenant à nous occuper.

Ce pacte pouvait résulter soit d'une convention expresse par laquelle le créancier promettait à son débiteur de ne pas lui demander le montant de la dette, soit de certaines circonstances desquelles résultait présomption suffisante que le créancier avait voulu faire remise au débiteur. Ainsi l'acceptilation, nulle comme acceptilation, pouvait valoir comme pacte *de non petendo* (1). Ainsi encore la remise du titre *(cautio)* au débiteur lui permettait d'opposer l'exception *pacti* (2), absolument comme s'il y avait eu pacte.

Le principal effet du pacte *de non petendo* était d'amener indirectement la libération du débiteur pactisant, en paralysant, au moyen de l'exception *pacti*,

---

(1) V. L. 27, § 9, *De pactis.*
(2) V. L. 2, § 1, *De pactis.*

les poursuites que le créancier aurait pu intenter contre lui. Mais ce pacte fait par le débiteur pouvait-il profiter à d'autres personnes qu'au débiteur lui-même, par exemple, aux ayants cause à titre universel, aux ayants cause à titre particulier du pactisant, au fidéjusseur, au *mandator pecuniœ credendœ*, aux co-débiteurs solidaires? Ce sont là autant de questions à l'examen desquelles plusieurs fragments du titre *De pactis* ont été consacrés, et qui ne peuvent être résolues que par des distinctions.

A l'égard des ayants cause à titre universel du débiteur (héritier civil ou prétorien, père adrogateur), les lois 17, §§ 3 et 4, 33 et 40 *in pr.*, nous indiquent les effets du pacte *de non petendo*. Il fallait distinguer si ce pacte avait été fait *in rem* ou *in personam* (1).

S'il avait été fait *in rem*, il pouvait être invoqué par les ayants cause à titre universel du débiteur pactisant, tant contre le créancier lui-même que contre ses ayants cause *titulo universali*. C'est ce que décide la loi 40 *in pr.*, *De pactis*, qui, en présence d'un pacte ainsi conçu : *Profiteor te non teneri*, déclare que ce pacte « *generale est* », et en conclut que « *locum inter heredes quoque litigantes habebit.* »

Au contraire, lorsque ce pacte était conçu *in personam*, c'est-à-dire lorsque l'intention des pactisants eux-mêmes avait été d'en limiter les effets à la personne du débiteur seul, alors ses ayants cause à titre universel n'auraient pas été admis à s'en prévaloir. Telle est la décision de la loi 17, § 3, *De pactis*, qui s'exprime ainsi : « *Si quis paciscatur ne à se petatur, sed ut ab herede petatur, heredi exceptio non proderit.* »

Du reste, lorsque les expressions dont s'étaient servies les parties pouvaient laisser quelque doute sur leur intention et sur la nature du pacte, la présomption était qu'elles avaient entendu pactiser tant pour elles-mêmes que pour leurs

---

(1) La loi 7, § 8, *De pactis*, nous indique très-clairement la différence entre le pacte *in rem* et le pacte *in personam*. Voici comment elle est conçue :

Pactorum quœdam in rem sunt, quœdam in personam. In rem sunt quoties generaliter paciscor, ne petam; in personam, quoties ne à personá petam, id est, ne à Lucio Titio petam. Utrùm autem in rem an in personam pactum factum est, non minùs ex verbis quàm ex mente convenientium œstimandum est; plerùmque enim persona pácto inseritur, non ut personale pactum fiat, sed ut demonstretur eum quo pactum factum est.

successeurs à titre universel, « *quia plerumque*, dit Cujas, *tàm heredibus nostris quàm nobismetipsis cavemus.* » Et c'était au créancier ou à ses héritiers à prouver que le pacte était *in personam*.

Le débiteur, au lieu de faire un pacte *in rem* ainsi conçu : *Ne peteretur*, ou *ne à se peteretur*, pouvait aussi, pour lever toute espèce de doute, pactiser : *Ne à se, neve ab herede suo peteretur*. Mais le pacte *de non petendo* qu'il aurait fait pour lui et pour un tiers *non ut heredi suo*, quand même ce tiers eût été son fils, sa fille ou tout autre proche parent, n'aurait pas profité à ce dernier, par application de la règle romaine : *Alteri extraneo stipulari nemo potest*, laquelle était également suivie en matière de pactes.

Le droit romain, à cet égard, poussait même si loin la rigueur qu'il refusait d'accorder à ce tiers l'exception *pacti*, lors même que, par la suite, il était devenu l'héritier du pactisant. C'est ce que la loi 17, § 4, décide en ces termes : « *Si pactus sim ne à me, neve à Titio petatur, non proderit Titio, etiamsi heres extiterit, quia ex post facto id confirmari non potest. Hoc Julianus scribit in patre qui pactus erat ne à se, neve à filiâ peteretur, cùm filia patri heres extitisset.* » Cette décision n'était, comme le jurisconsulte Paul nous le dit lui-même, qu'une application du principe en vertu duquel « *quod ab initio vitiosum est ex post facto convalescere non potest.* » Mais elle avait quelque chose de contraire à l'équité ; aussi, dans la pratique, était-on parvenu à éluder ses conséquences en accordant au tiers qui était plus tard devenu l'héritier du pactisant l'exception *doli* (1). C'était là un des cas auxquels la loi 10, § 2, *De pactis*, fait allusion, et où l'exception *doli* était accordée à défaut de l'exception *pacti*. Nous rencontrerons plus loin d'autres hypothèses où ce résultat avait également lieu.

La circonstance que le pacte *de non petendo* avait été fait nommément au profit d'un tiers, *tanquam heredi futuro*, et que ce tiers n'avait pas succédé en réalité au pactisant, lequel avait *ex post facto* institué d'autres héritiers, n'empêchait

---

(1) La loi 21, § 2, *in fine*, le dit formellement : *Julianus quoque scribit : si pater pactus sit ne à se neve à filio petatur, magis est ut pacti exceptio filiofamilias danda non sit, sed doli prosit.*

Je pense que la décision de cette loi ne doit pas être limitée à l'hypothèse qu'elle prévoit, et que l'exception *doli* doit être accordée non pas seulement au fils de famille, mais encore à toute personne au profit de laquelle le débiteur aurait pactisé, et qui serait par la suite devenue héritière de ce débiteur. Il y a argument *à pari*. Telle est, du reste, l'opinion de Cujas.

pas ces derniers de se prévaloir de ce pacte. C'est ce que décide la loi 40, § 3, *De pactis* (1), dans l'hypothèse suivante : Un père, en promettant une dot pour sa fille, a fait un pacte par lequel, dans la prévision du cas où sa fille viendrait à prédécéder *in matrimonio sine liberis* (mais après sa mort, car autrement la dot étant profective serait retournée tout entière au père dotateur), il a été convenu que la portion de la dot dont il se reconnaissait débiteur (mais qu'il n'avait pas encore payée) resterait à son frère qu'il avait alors l'intention d'instituer héritier, n'ayant pas à ce moment d'autres enfants. Postérieurement à ce pacte, il est survenu d'autres enfants au père dotateur, qui les a institués héritiers à la place de son frère; puis la condition du pacte s'est réalisée. Le jurisconsulte Papinien se demande si les enfants institués par leur père pourront invoquer le pacte que celui-ci avait fait au profit de son frère, et il décide avec raison que, si le gendre agit contre eux *ex stipulatu* pour se faire payer la totalité de la dot, ils auront le droit de repousser sa demande *per exceptionem pacti vel doli*. En effet, nous dit Cujas, « *pater fratri pactus est non tanquàm fratri, alioquin inutile pactum esset, sed tanquàm heredi, quia dixit ut remaneret apud heredem suum fratrem, et heredes hodiè sunt liberi quos pater præter spem sustulit, non frater.* » Le mot « *fratrem* » qui figure dans le pacte prouve seulement qu'à l'époque où ce pacte est intervenu le père dotateur, n'ayant pas d'autres enfants, avait l'intention d'en faire son héritier.

Le pacte *de non petendo* fait par le débiteur au profit d'un seul de ses futurs héritiers était valable. Le pactisant était alors censé n'avoir voulu procurer le bénéfice de l'exception *pacti* qu'à celui de ses héritiers qu'il avait désigné, et les cohéritiers de ce dernier n'étaient pas recevables à se prévaloir de leur qualité pour invoquer l'exception *pacti* ou *doli*. C'est ce que décide la loi 33, *De pactis* : « *Avus neptis nomine quam ex filio habebat dotem promisit, et pactus est ne à se neve à filio suo dos peteretur ; si à coherede filii dos petatur, ipse quidem excep-*

---

(1) L. 40, § 3, *De pactis : Pater qui dotem promisit pactus est ut, post mortem suam in matrimonio sine liberis defunctâ filiâ, portio dotis apud heredem suum fratrem remaneret; ea conventio liberis à socero posteà susceptis et heredibus testamento relictis per exceptionem doli proderit, cùm inter contrahentes id actum sit ut heredibus consulatur, et illo tempore quo pater alios filios non habuit in fratrem suum judicium supremum contulisse videatur.*

lione conventionis tuendus non erit, filius verò exceptione conventionis rectè utetur, etc. »

Ce n'étaient pas seulement les ayants cause à titre universel du débiteur qui pouvaient, ainsi que nous venons de le voir, invoquer le pacte *de non petendo* fait par ce dernier. Les ayants cause à titre particulier, tels que l'acheteur, pouvaient également s'en prévaloir. Cette décision était admise sans difficulté par tous les jurisconsultes, tant Proculéiens que Sabiniens, toutes les fois que le pacte avait été conçu *generaliter et in rem.* Mais lorsque le pacte était *in personam,* il y avait controverse entre les deux écoles sur la question de savoir s'il pouvait ou non être invoqué par les ayants cause à titre particulier. Les Proculéiens décidaient qu'il ne pourrait aucunement leur profiter, puisqu'il restait inefficace même à l'égard des ayants cause à titre universel, et que d'ailleurs l'intention des parties avait été qu'il ne produisît effet que pour le pactisant seul. Les Sabiniens au contraire voulaient que le pacte *in personam* pût profiter aux ayants cause à titre particulier, mais seulement tant que vivrait leur auteur(1). Le jurisconsulte Paul, dans la loi 17, § 5, *De pactis* (2), examine cette question, et en mentionnant les controverses auxquelles elle avait donné lieu, il semble adopter de préférence l'opinion des Proculéiens. Accurse, au contraire, dans ses notes sur le § 5, adopte complétement le système des Sabiniens; voici à cet égard comment il s'exprime : « *Pactum in rem emptori et donatario et cuilibet successori perpetuo prodest; pactum in personam ei non prodest nisi quamdiu auctor ejus vivit cujus personæ pactum cohæret.* » A l'appui de ce dernier système, on peut dire que refuser l'exception *pacti* à l'ayant cause à titre particulier, ce serait en réalité priver le pactisant lui-même de tout le bénéfice que ce pacte devait lui procurer, puisqu'il se trouverait ainsi inévitablement exposé au recours que cet ayant cause ne manquerait pas d'exercer contre lui, après avoir été dépossédé par la demande en revendication dirigée contre lui

---

(1) V. L. 21, *pr.*, *De pactis*, qui fournit dans le système des Sabiniens un argument *à pari.*

(2) V. L. 17, § 5, *De pactis : Pactum conventum cum venditore factum, si in rem constituatur, secundùm plurium sententiam et emptori prodest, et hoc jure nos uti Pomponius scribit.*

Secundùm Sabini autem sententiam, etiamsi in personam conceptum est, et in emptorem valet. Qui hoc esse existimat, etsi per donationem successio facta sit.

par le propriétaire (1). Cependant, en faveur de l'opinion des Proculéiens, on peut invoquer la décision de la loi 22, *De pactis*, où, malgré l'intérêt évident que le débiteur aurait à ce qu'une tierce personne pût invoquer le pacte *in personam* par lui fait, le jurisconsulte Ulpien décide cependant que cette personne ne pourra pas l'invoquer.

Le pacte *de non petendo* fait par le débiteur principal pouvait-il être invoqué par le fidéjusseur? Pour répondre à cette question, il faut distinguer : 1° si le pacte était conçu *in rem* ou *in personam;* 2° si celui qui s'était porté fidéjusseur agissait comme mandataire ou gérant d'affaires du débiteur principal, ou s'il ne cautionnait que *pro invito debitore aut animo donandi.*

Lorsque le fidéjusseur n'avait cautionné que comme mandataire ou gérant d'affaires, et que le pacte avait été conçu *in rem*, il pouvait s'en prévaloir; car autrement, s'il eût été permis au créancier de le contraindre au payement, il aurait eu son recours contre le débiteur par l'action *mandati* ou *negotiorum gestorum*, et ce dernier n'aurait aucunement profité du pacte par lui fait. La loi 21, § 5, *in fine*, le déclare positivement, par ce motif que le pacte *de non petendo* conçu *in rem* doit pouvoir être invoqué par tous ceux que le débiteur pactisant avait intérêt à voir libérés. Voici à cet égard comment elle s'exprime en posant un principe dont nous aurons plus loin à faire d'autres applications : « *In rem pacta omnibus prosunt quorum obligationem dissolutam esse ejus qui paciscebatur interfuit; itaque debitoris conventio fidejussoribus proficiet.* Que si au contraire le pacte avait été conçu *in personam*, la loi 22, *De pactis*, décide que les fidéjusseurs ne pouvaient pas s'en prévaloir : « *Si hoc actum est ut duntaxat à reo non petatur, à fidejussore petatur, tunc fidejussor exceptione non utetur.* » L'unique utilité de ce pacte était alors d'éviter au pactisant la nécessité de faire au créancier l'avance des deniers. Mais depuis la novelle 4, qui, en introduisant au profit des cautions le bénéfice d'ordre ou de discussion, a enlevé au créancier le droit d'agir contre la caution avant d'avoir au préalable discuté les biens du débiteur principal, le pacte *in personam* a pu profiter indirectement au fidéjusseur au moyen de l'exception de discussion qui renvoyait le créancier

---

(1) Ce motif n'est sans doute pas le seul qui militait à l'appui de cette opinion, puisque ceux qui l'adoptaient accordaient l'exception *pacti* même *au donataire.*

à agir contre le débiteur principal, lequel à son tour lui opposait l'exception *pacti*.

Lorsque, au contraire, le fidéjusseur n'était intervenu que *pro invito debitore* ou *animo donandi*, il n'y avait plus à distinguer si le pacte avait été conçu *in rem* ou *in personam*. Le débiteur, n'ayant plus alors à redouter l'action *mandati* ou *negotiorum gestorum*, n'avait aucun intérêt à la libération du fidéjusseur, et dès lors ce dernier était dans tous les cas non recevable à se prévaloir du pacte (1).

Lorsque le pacte *de non petendo* avait été fait *ad certum tempus*, par exemple, lorsque le débiteur avait pactisé ainsi : *Ne intra annum à se peteretur;* à l'expiration du délai convenu le pacte, ne pouvant plus être invoqué par le débiteur lui-même, cessait par voie de conséquence de garantir le fidéjusseur. « *Si cum reo ad certum tempus pactio facta sit ultra neque reo, neque fidejussori prodest,* » dit la loi 27, § 1, *De pactis*.

Le débiteur, au lieu de pactiser : *Ne peteretur* ou *ne à se peteretur*, pouvait avoir pactisé en ces termes : « *Ne à fidejussore peteretur.* » Quel était l'effet d'un pacte ainsi conçu ? Était-il valable ? Pouvait-il profiter au fidéjusseur ? Le jurisconsulte Paul, dans la même loi 27, § 1, nous indique la divergence d'opinions que cette question avait fait naître. Dans un premier système plus rigoureux, plus fidèle aux principes, on décidait que ce pacte ne pouvait pas être invoqué par le fidéjusseur : « *Nihil id prodesse fidejussori quidam putant;* » en effet, disait-on, il est de principe qu'une personne ne peut rien acquérir *per extraneam personam* excepté la possession ; or, ce serait violer cette règle que de valider un tel pacte ; sans doute, il est vrai que le débiteur pactisant aurait intérêt à ce que le fidéjusseur pût l'opposer au créancier, mais cet intérêt du débiteur ne peut pas suffire pour donner au fidéjusseur une exception que le débiteur lui-même n'aurait pas le droit d'invoquer, « *quanquam id rei intersit quia ea demum competere ei debeat exceptio, quæ et reo.* » Dans un second système, on

---

(1) Voyez la loi 32, *De pactis : Quod dictum est, si cum reo pactum sit ut non petatur, fidejussori quoque competere exceptionem, propter rei personam placuit, ne mandati judicio conveniatur. Igitur si mandati actio nulla sit, forté si donandi animo fidejusserit, dicendum est non prodesse fidejussori exceptionem.*

admettait que ce pacte profiterait au fidéjusseur et lui procurerait une exception ; on allait même plus loin, on interprétait le pacte *ne à fidejussore petatur* absolument comme le pacte *ne petatur* ou *ne à se petatur*, de telle sorte que le débiteur lui-même était admis à s'en prévaloir. Cette interprétation plus équitable, fondée sur l'intention présumée des parties, est approuvée par Paul, qui réfute ainsi le premier système : « *Ego didici prodesse fidejussori exceptionem ; non sic enim illi per liberam personam acquiri, quam ipsi qui pactus sit consuli videtur. Quo jure utimur.* »

Le pacte *de non petendo* n'opérant pas *ipso jure* extinction du *vinculum juris*, nous avons déjà dit que les parties pouvaient paralyser ses effets au moyen d'un second pacte qui créait une réplique au profit du demandeur. Lorsque ce second pacte était intervenu et que le débiteur avait ainsi perdu le droit d'invoquer efficacement l'exception *pacti*, le bénéfice du premier pacte cessait-il ou continuait-il, au contraire, d'exister pour le fidéjusseur ? Deux textes de notre titre prévoient cette hypothèse, et les décisions qu'ils donnent nous paraissent tout à fait inconciliables l'une avec l'autre (1). La loi 27, § 2, *De pactis*, après avoir constaté qu'un premier pacte peut être annihilé par un second pacte en sens contraire, ajoute : « *Eâdem ratione contingit ne fidejussoribus prius pactum prosit ;* » de sorte que dans ce système le second pacte aurait effet même contre le fidéjusseur. La loi 62, au contraire, décide que le droit d'opposer l'exception *pacti* une fois acquis au fidéjusseur ne peut pas lui être enlevé malgré lui par le fait du débiteur : « *Veriùs est semel acquisitam fidejussori pacti exceptionem, ulterius ei invito extorqueri non posse ;* » et ce système nous paraît de beaucoup préférable au premier. Il est impossible d'admettre que le simple caprice du débiteur puisse ainsi aggraver la situation du fidéjusseur vis-à-vis du créancier, et lui enlever un droit acquis.

Il pouvait se faire qu'au lieu d'un fidéjusseur il y eût un *mandator pecuniæ credendæ* (2) ; quel était, à l'égard de ce dernier, l'effet du pacte *de non petendo*

---

(1) Cujas, pour concilier ces deux textes, suppose que, dans l'hypothèse de la loi 27, § 2, le second pacte a eu lieu *consentiente fidejussore*, tandis que, dans celle de la loi 62, il serait intervenu *invito fidejussore*. Mais rien, dans les expressions de la loi 27, § 2, ne nous paraît justifier cette distinction du savant interprète.

(2) Le *mandator pecuniæ credendæ* était un débiteur accessoire ; il se trouvait dans une position

fait par le débiteur? Si le pacte était *in rem*, nous pensons que le *mandator* pouvait s'en prévaloir, par application de la règle en vertu de laquelle le pacte *in rem* doit profiter à tous ceux que le débiteur pactisant avait intérêt à voir libérés. Si, au contraire, le pacte était *in personam*, la décision de la loi 22, *De pactis*, devait par analogie s'appliquer au *mandator*, c'est-à-dire que le bénéfice de l'exception *pacti* lui était refusé. C'est, du reste, ce que suppose implicitement la loi 71, § 1, *De fidej.*, ainsi conçue : « *Si ponamus unum ex reis promittendi pactum esse ne à se peteretur, deinde mandatorem solvisse, mandati judicio convenire potuit etiam eum cum quo pactum est; non enim pactum creditoris tollit alienam actionem.* » Si le *mandator* pouvait, comme l'admet cette loi, être contraint au payement par le créancier malgré le pacte *in personam* intervenu entre celui-ci et le débiteur, c'est apparemment que par rapport à lui ce pacte était réputé ne pas exister.

Quel était à l'égard des débiteurs solidaires l'effet du pacte fait par leur co-débiteur? Lorsque ce pacte avait été conçu *in rem*, il fallait distinguer si ces co-débiteurs étaient ou non associés. S'il y avait entre eux société, le pacte pouvait être invoqué par tous, car autrement celui qui eût été contraint au payement aurait eu son recours par l'action *pro socio* contre son codébiteur pactisant. Ce dernier avait donc grand intérêt à ce que le bénéfice de l'exception *pacti* fût étendu à tous ses coassociés; et dès lors il fallait appliquer la règle déjà citée plus haut : « *In rem pacta omnibus prosunt quorum obligationem dissolutam esse ejus qui paciscebatur interfuit* (1). » C'est du reste ce qui résulte expressément de la loi 25, *in pr.*, *De pactis*, et de la loi 3, § 3, *in fine*, *De liberat. legat.*, où, en présence du legs de libération fait à l'un des codébiteurs solidaires *socii*,

---

assez analogue à celle du fidéjusseur; mais il en différait en ce qu'au cas de fidéjussion le créancier n'avait qu'une seule action : c'était à lui à voir s'il lui était plus avantageux de l'intenter contre le *reus* ou contre le fidéjusseur; tandis qu'au cas de *mandatum pecuniæ credendæ*, il y avait deux obligations distinctes produisant chacune leur action propre, et l'exercice de l'une ne faisait pas obstacle à l'exercice de l'autre.

(1) V. L. 21, § 5, *De pactis*. Notez également ces expressions de la loi 23, *eod. tit.* : *Cum alio conventio facta prodest, sed tunc demùm cùm per eum cui exceptio datur, principaliter ei qui pactus est, proficiat.* Accorder l'exception *pacti* au débiteur solidaire *socius*, au fidéjusseur, ce n'est pas violer le principe en vertu duquel un pacte ne doit profiter qu'à celui qui y a été partie; car ces tiers ne profitent du pacte qu'en tant que le pactisant lui-même a intérêt à ce qu'ils puissent l'invoquer.

le jurisconsulte Ulpien décide que le légataire pourra par l'action *ex testamento* agir contre l'héritier pour se faire libérer *per acceptilationem ;* or, l'acceptilation avait pour effet d'éteindre la dette à l'égard de tous les débiteurs, absolument comme s'il y eût eu payement. Mais s'il n'y avait pas entre eux société (et en droit romain les codébiteurs solidaires n'étaient pas présumés associés), le pactisant, n'ayant plus à redouter aucun recours de ses codébiteurs dans le cas où ils auraient été contraints par le créancier à acquitter la dette, n'avait aucun intérêt à les voir libérés, et dès lors le pacte quoique *in rem* restait sans efficacité à leur égard. Que si maintenant le pacte avait été conçu *in personam,* il n'y avait plus à rechercher si les codébiteurs étaient ou non associés; dans aucun cas il ne leur était accordé de s'en prévaloir. « *Personale pactum ad alium non pertinere, quemadmodum nec ad heredem, Labeo ait,* » dit la loi 25, § 1, *De pactis.*

La solidarité, au lieu d'être passive, pouvait exister activement, c'est-à-dire entre plusieurs créanciers. Lorsqu'il en était ainsi, quel était, par rapport à ses cocréanciers, l'effet d'un pacte par lequel l'un des créanciers solidaires avait fait remise de la dette au débiteur? Ce pacte pouvait-il leur nuire? Restait-il au contraire sans effet à leur égard ? Paul, dans la loi 27, *in pr., De pactis,* examine cette question; voici à ce sujet comment il s'exprime : « *Si unus ex argentariis sociis cum debitore pactus sit, an etiam alteri noceat exceptio ? Neratius, Atilicinus, Proculus, nec si in rem pactus sit, alteri nocere ; tantum enim constitutum ut solidum alter petere possit. Idem Labeo, nam nec novare alium posse, quamvis ei rectè solvatur..... Idem que in duobus reis stipulandi dicendum est.* » Ainsi, sans distinguer ici si le pacte a été conçu *in rem* ou *in personam,* si les *correi* sont ou non *socii,* le jurisconsulte décide que le pacte fait par l'un des créanciers solidaires ne peut pas nuire à ses cocréanciers. Toutefois, les termes mêmes qu'il emploie et le soin tout particulier qu'il prend ici de motiver son opinion et de la corroborer en citant les noms de plusieurs jurisconsultes qui partageaient son avis attestent qu'il y avait eu controverse à cet égard. La raison de douter, c'est que dans le droit romain chacun des créanciers solidaires ayant le droit non-seulement de recevoir le payement de la totalité de la dette et de poursuivre le débiteur *in solidum,* mais encore d'éteindre l'obligation tout entière par acceptilation et par novation (1), il pouvait paraître logique de décider que

______

(1) Tous les jurisconsultes étaient bien d'accord que, chacun des créanciers solidaires ayant le droit

le pacte fait par l'un des créanciers, du moins lorsqu'il serait *in rem*, produirait effet à l'égard de tous. De plus, la loi 11, *De pactis*, décide expressément que celui qui peut libérer le débiteur en recevant le payement de la totalité de la dette peut de même le libérer en faisant avec lui le pacte *de non petendo*, et semble ainsi en contradiction avec la doctrine de notre loi 27, *in pr.* (1). Mais si chacun des créanciers solidaires avait le droit d'éteindre toute la dette par acceptilation, il ne faut voir là qu'une conséquence rigoureuse des principes du droit civil qui assimilait sous tous les rapports l'acceptilation au payement et qui se trouvait ainsi amené forcément à accorder le droit de faire acceptilation à tous ceux qui avaient capacité de recevoir le payement; il serait donc tout à fait inexact de conclure de l'acceptilation régie par le droit strict au pacte *de non petendo* régi par les principes de l'équité, et qui d'ailleurs était plutôt susceptible d'être assimilé à une libéralité qu'à un payement. Quant à la règle posée par la loi 11, elle ne doit pas être admise d'une manière absolue; de ce qu'une personne a pouvoir de recevoir le payement, il serait tout à fait faux de conclure qu'elle a le droit de libérer le débiteur par un autre mode d'extinction des obligations; l'*adjectus solutionis gratiâ*, par exemple, peut très-bien libérer le débiteur en recevant le payement, et cependant il est incontestable qu'il ne pourrait pas éteindre la dette par pacte. Il ne faut pas d'ailleurs perdre de vue qu'en droit romain la matière des pactes n'avait pas été réglementée par le *jus civile* proprement dit, mais par la jurisprudence prétorienne, laquelle, ne se trouvant pas ici enchaînée par une règle de droit strict, n'avait évidemment pas admis qu'il pût dépendre du caprice de l'un des créanciers solidaires de paralyser par un pacte fait avec le débiteur l'action qui compétait à ses cocréanciers.

Nous avons constamment supposé jusqu'ici le pacte *de non petendo* intervenu entre le débiteur et le créancier, et nous avons recherché s'il n'était pas sus-

---

de poursuivre le débiteur pour le tout, pouvait par cela même nover la dette tout entière au moyen de la litiscontestation. Mais il y avait controverse sur la question de savoir si un seul des créanciers solidaires avait également le droit de faire la novation volontaire, de manière à éteindre la totalité de la dette. Paul et Labéon, dans la loi 27, *pr.*, *De pactis*, lui refusaient ce droit.

(1) Il est remarquable que la loi 11 et la loi 27, *De pactis*, qui sont évidemment inconciliables si on prend la loi 11 à la lettre, soient toutes deux extraites du livre 3 du *Commentaire* de Paul sur l'édit du préteur.

ceptible de produire effet à l'égard d'autres personnes que les pactisants. Il pouvait aussi arriver que ce pacte fût intervenu entre le créancier et une personne autre que le débiteur principal, ou réciproquement entre le débiteur et une personne autre que le créancier. Quel était alors l'effet de ce pacte par rapport à ce débiteur ou à ce créancier, qui n'y avait pas été partie?

Lorsque le pacte avait été fait par une personne qui n'était liée par aucun rapport de droit au débiteur ou au créancier (*extranea persona*), la règle que l'on ne peut ni stipuler, ni promettre pour autrui recevait ici son application (1), et ce pacte ne pouvait ni profiter ni nuire à ceux qui n'y avaient pas été parties, malgré leur qualité de créancier ou de débiteur. C'est ce que décide la loi 17, § 6, *De pactis*, ainsi conçue: « *Cum possessor alienæ hereditatis pactus est, heredi, si evicerit, neque nocere, neque prodesse plerique putant.* » Cette loi suppose qu'un héritier apparent a fait avec les créanciers héréditaires le pacte : *Ut à se non peteretur*, ou avec les débiteurs héréditaires le pacte : *Ne peteret*, puis que l'héritier véritable survient et évince cet héritier apparent; et elle décide que les pactes faits par ce dernier ne pourront ni profiter ni nuire à l'héritier véritable. En effet, cet héritier ne représente que le défunt et non le possesseur qu'il évince; entre lui et ce possesseur il n'existe aucun rapport de droit, il n'est pas son ayant cause, et dès lors ces pactes sont en ce qui le concerne *res inter alias acta quæ aliis neque nocere, neque prodesse potest*. Il est bien vrai que la loi 22 (2), *De pecun. constit.*, semble décider que, si l'héritier apparent a fait le pacte de constitut, l'héritier véritable qui viendrait plus tard à l'évincer pourra cependant agir par l'action utile *de pecuniâ constitutâ*; mais Cujas a fait avec raison remarquer que la décision de cette loi s'explique par ce motif que l'obligation résultant du pacte de constitut n'était qu'un accessoire de l'obligation héréditaire « *quæ transierat in heredem.* »

En matière de stipulations, le mandataire (*procurator*) fut longtemps consi-

---

(1) V. L. 73, § 4, *De reg. juris* : *Nec paciscendo, nec stipulando quisquam alteri cavere potest.*

(2) V. L. 22, *De pecun. constit.* : *Si post constitutam tibi pecuniam, hereditatem ex S. C° Trebelliano restitueris, quoniam sortis pecuniam transtulisti ad alium, deneganda est tibi pecuniæ constitutæ actio. Idem est in hereditatis possessore post evictam hereditatem. Sed magis est ut fidei commissario vel ei qui vicit decernenda sit actio.*

déré comme une *extranea persona*, c'est-à-dire qu'il ne pouvait stipuler qu'à son profit ou à son détriment, et non au profit ou au détriment de celui dont il était le représentant. Vis-à-vis des tiers, le seul créancier, le seul débiteur, c'était le mandataire stipulant ou promettant. Le mandant n'ayant pas été partie au contrat restait complétement étranger à toute l'opération ; il avait seulement l'action *mandati directa* pour se faire tenir compte des profits par le mandataire, et réciproquement celui-ci avait contre lui l'action *mandati contraria* pour se faire indemniser. Ce ne fut qu'assez tard que le droit romain commença à s'écarter de la rigueur des principes et à admettre que les actions résultant des contrats faits par le mandataire seraient directement données sous le nom d'actions utiles au mandant et contre lui, absolument comme s'il eût été partie à l'acte. Relativement aux pactes, la règle que le mandataire ne peut pas pactiser de manière à profiter ou à nuire au mandant avait également été admise ; en conséquence l'exception *pacti* ne pouvait pas être invoquée par le mandant ni contre lui, à raison du pacte *de non petendo* fait par le *procurator*. Mais la jurisprudence prétorienne, qui ne se trouvait pas ici en présence d'un droit rigoureux comme l'était celui des stipulations, avait de bonne heure apporté un heureux correctif au principe qui avait pour résultat nécessaire la nullité du pacte fait par le mandataire. Sans reconnaître à un tel pacte la vertu de produire au profit du mandant ou contre lui l'exception *pacti*, ce qui eût été se mettre en opposition directe avec la règle du droit civil : Nec paciscendo, *nec stipulando quisquam alteri cavere potest,* » elle avait pensé qu'il y aurait dol de la part du mandant ou de son créancier à ne pas respecter le pacte fait par le mandataire, et elle était arrivée à assurer son efficacité au moyen de l'exception de dol. C'est ce qu'Ulpien nous apprend en ces termes, dans la loi 10, § 2, *De pactis* : « *Quosdam denique qui exceptione pacti uti non possunt, doli exceptione usuros, et Julianus scribit et alii plerique consentiunt, ut puta : si procurator meus paciscatur, exceptio doli mihi proderit, ut Trebatio videtur qui putat, sicuti pactum procuratoris mihi nocet, ita et prodesse.* » Pour appuyer cette décision, Paul, dans la loi 11, ajoute : *quia et solvi ei potest,* et semble ainsi admettre que toute personne à qui le payement peut être valablement fait peut également libérer par pacte. Mais nous avons déjà fait remarquer que cette proposition doit être interprétée *secundùm subjectam materiam*, et que, prise d'une manière absolue, elle serait complétement fausse et inexacte. De plus, même en ce qui concerne le *procurator*, la considération qu'il peut valablement recevoir le payement ne nous paraît pas le moins du monde un argument péremptoire dans la question qui nous occupe.

Ce n'était pas d'ailleurs le pacte fait par un mandataire quelconque qui était susceptible de produire l'exception de dol au profit du mandant ou contre lui, il fallait à cet égard examiner soigneusement la nature du mandat. Au cas de mandat conventionnel, lorsqu'il s'agissait d'un *procurator omnium negotiorum*, le mandant n'ayant pas pris soin de limiter lui-même les pouvoirs qu'il voulait. lui conférer était présumé avoir voulu lui donner le droit de faire toute espèce d'actes, et par conséquent de pactiser (1), pourvu qu'il fût prouvé qu'en faisant tous ces actes il avait en vue l'utilité de sa gestion, et non l'intention de faire une libéralité ou de diminuer le patrimoine du mandant. Lorsque, au contraire, il s'agissait d'un *procurator ad litem*, son pouvoir étant uniquement d'intenter l'action au nom du mandant, il n'aurait pu sans excéder les bornes de son mandat faire toute autre espèce d'acte, et par conséquent le pacte *de non petendo* par lui fait restait complétement inefficace (2), à moins, nous dit la loi 13, §1, *De pactis*, que ce ne fût un *procurator litis*, mais *in rem suam*, auquel cas « *loco domini habebatur ; ideoque servandum erat pactum conventum.* » Quant aux mandataires légaux, tels que les tuteurs, les curateurs, ils pouvaient en pactisant rendre meilleure la condition de celui au nom duquel ils agissaient ; « *tutoris quoque pactum pupillo prodest,* » dit la loi 15, *De pactis ;* « *Si curator furiosi aut prodigi pactus sit : ne a furioso aut prodigo peteretur, longe utile est curatoris recipi pactiones,* » dit la loi 28, § 1, *eod. tit.* Mais le pacte par lequel ils auraient rendu sa condition pire restait dépourvu de tout effet. C'est ce qui résulte de la loi 22, au Code, *De pactis :* « *Tutores et curatores, exigentes pupillis et adultis debitum,* NON ETIAM REMITTENTES, *præstant obligationis liberationem.* » Cependant les lois 54, § 5, et 56, § 4 (3), *De furtis,* paraissent tout à fait contraires à cette

____

(1) V. L. 12, *De pactis.*

(2) V. L. 13, *pr., De pactis.*

(3) V. L. 56, § 4, *De furtis :* Qui tutelam gerit, transigere cum fure potest ; et si in potestatem suam redegerit rem furtivam desinit furtiva esse... sed et circà curatorem furiosi eadem dicenda sunt, etc.

décision. En présence d'un vol commis à l'égard d'un pupille, elles décident que le pacte intervenu entre le tuteur et le voleur peut éteindre l'action *furti*. On pourrait peut-être concilier ces textes, en admettant, ainsi du reste que semble le supposer la loi 56, § 4, que la chose volée est revenue dans les mains du tuteur ou du pupille, et que dès lors le pacte du tuteur ne tend pas précisément à rendre pire la condition de son pupille, mais l'empêche seulement de recueillir le bénéfice qu'il aurait pu retirer de l'action *furti*.

Lorsque c'était par une personne obligée accessoirement à la dette, par exemple, par un fidéjusseur, que le pacte *de non petendo* avait été fait, sa qualité de débiteur accessoire n'empêchait pas qu'à l'égard du débiteur principal il ne fût considéré comme une *extranea persona*, et, comme il n'avait d'ailleurs aucun intérêt à ce que ce dernier ne payât pas la dette, il en résultait que par rapport au débiteur principal ce pacte était « *res inter alios acta* » dont il ne pouvait se prévaloir. « *Fidejussoris conventio nihil proderit reo, quia nihil ejus interest à debitore pecuniam non peti,* » dit la loi 23, *De pactis*. Mais à ce principe il y avait deux exceptions; la première nous est indiquée dans la loi 24 *eod.*, en ces termes : « *Sed si fidejussor in rem suam spopondit, hoc casu fidejussor pro reo accipiendus est, et pactum cum eo factum, cum reo factum esse videtur.* » C'est qu'alors en effet les rôles étaient intervertis, le fidéjusseur pactisant était en réalité débiteur principal, et réciproquement celui qui en apparence jouait le rôle de débiteur principal n'était qu'un véritable fidéjusseur; de telle sorte qu'en le faisant profiter du pacte on ne faisait au fond qu'appliquer la règle en vertu de laquelle le fidéjusseur peut invoquer le pacte fait par le débiteur principal. La seconde hypothèse dans laquelle il y avait dérogation au principe posé dans la loi 23, c'était celle où le fidéjusseur, au lieu de pactiser purement et simplement : « *Ne peteretur,* » avait eu soin d'ajouter : « *Ne a reo quoque peteretur.* » On avait pensé que dans ce cas il y aurait dol de la part du créancier à agir contre le débiteur principal au mépris d'un pacte sur l'étendue duquel il n'avait pu se méprendre, et par raison d'équité on avait accordé à ce débiteur le droit d'opposer l'exception de dol. Paul, dans la loi 25, § 2, *De pactis*, nous apprend que ce moyen d'éluder la règle générale s'employait fréquemment dans la pratique, et que le fidéjusseur avait soin d'ordinaire de sauvegarder tout à la fois ses propres intérêts et ceux du débiteur principal, en ayant soin de convenir avec le créancier que l'exécution de l'obligation ne serait demandée ni à lui, ni au débiteur principal : « *Quamvis fidejussoris pactum reo non prosit, plerumque tamen doli exceptionem reo profuturam Julianus scribit, videlicet si hoc actum sit,* NE A REO QUOQUE PETATUR. »

Le principe de la loi 23, et l'exception de la loi 25, § 2, s'appliquaient également aux cofidéjusseurs du pactisant : c'est-à-dire que s'il y avait plusieurs fidéjusseurs et qu'il n'y eût pas entre eux société, le pacte fait par l'un d'eux ne pouvait pas être invoqué par les autres, à moins que la clause : *Ne a cofide-jussoribus quoque petatur* ne leur procurât l'exception de dol. Mais si en principe le pacte ne pouvait pas rendre leur condition meilleure, il ne pouvait pas non plus l'aggraver ; aussi, au cas de solvabilité du fidéjusseur pactisant, conservaient-ils toujours le droit d'opposer au créancier le bénéfice de division.

C'est un principe consacré par le droit romain que ceux qui sont *in potestate,* soit fils de famille, soit esclaves, peuvent acquérir pour celui sous la puissance duquel ils se trouvent (1) et rendre sa condition meilleure. Leur personnalité se trouve tellement confondue avec celle du père de famille ou du maître, et tellement absorbée par cette dernière, qu'ils sont réputés ne faire qu'une seule et même personne (*una eademque persona esse intelliguntur*), et que la règle : « *Alteri stipulari* VEL PACISCI *nemo potest* » cesse ici de recevoir son application. En conséquence, le pacte : *Ne à patre dominove petatur,* fait par le fils ou par l'esclave, acquérait au père ou au maître l'exception *pacti,* sans qu'il y eût à distinguer si ces derniers se trouvaient obligés en vertu de leur propre contrat ou seulement *de peculio, aut de in rem verso* à raison du contrat fait par leur fils ou par leur esclave (2). .

Qu'aurait-il fallu décider si, au lieu de convenir expressément que l'exécution de l'obligation ne serait pas exigée *à patre dominove,* le fils ou l'esclave avaient simplement pactisé : *Ne a se petatur?* le père ou le maître tenus seulement *de peculio aut de in rem verso* auraient-ils pu se prévaloir de ce pacte? Il fallait à cet égard distinguer si l'intention des pactisants avait été de faire un pacte *in rem* ou seulement *in personam.* S'ils avaient entendu faire un pacte *in rem,* ce pacte pouvait être invoqué par le père ou par le maître : « *Si in rem paciscatur*

---

(1) V. *Instit.*, liv. 2, tit. 9, *pr.* — Liv. 3, tit. 26, *pr.*

(2) V. L. 17, § 7. — L. 18 et 19, *pr., De pactis.*

proderit domino et heredi ejus pacti conventi exceptio, » dit la loi 21, § 1, en s'occupant du pacte fait par l'esclave ; *à fortiori* aurait-il dû en être de même s'il
eût été fait par le fils. Que si au contraire le pacte était *in personam*, ses
conséquences variaient suivant qu'il provenait du fils ou de l'esclave. Lorsqu'il
avait été fait par le fils, le père et même l'héritier du père (1) pouvaient s'en
prévaloir, mais seulement du vivant du fils pactisant. « *quia, eum personâ filii
pactum coarctetur, patri prodesse non potest, nisi quamdiù advixerit filius, quamdiù prodesse potest filio* (2). » Lorsque, au contraire, c'était l'esclave qui avait
pactisé, en principe ce pacte était nul, car l'esclave étant totalement incapable
d'ester en justice, le pacte par lui fait restait tout à fait inutile en ce qui le concernait. Il eût donc été logique de décider que le maître ne pouvait pas profiter
d'un pacte qui restait sans effet à l'égard du pactisant lui-même ; cependant,
æquitatis ratione le préteur avait fini par lui accorder l'exception de dol, mais
seulement, bien entendu, du vivant de l'esclave. « *Quod s i rvus,* ne a se peteretur *pactus fuerit, nihil valebit pactum ; domino tamen doli superest exceptio,* »
dit la loi 21, § 1.

Les esclaves dont on n'avait que l'usufruit pouvant acquérir pour l'u-
sufruitier *ex re fructuarii,* il en résultait que le pacte *Ne ab usufructuario petatur*
fait par un de ces esclaves profitait à celui qui en avait la jouissance. « *Si debitor
sit fructuarius et paciscatur servus in quo usumfructum habet* ne ab eo petatur,
paciscendo meliorem conditionem ejus facit. » Bien plus, lorsque l'usufruitier se
trouvait créancier, et que par un pacte fait avec le débiteur il avait mani-
festé l'intention de faire à ce dernier remise de la dette, on considérait encore
comme valable le pacte par lequel l'esclave usufructuaire aurait paralysé l'exception acquise au débiteur ; « *Si creditor esset fructuarius et pactus esset* ne peteret, *servus autem fructuarius pacisceretur* ut peteret, *beneficio pacti quod servus interposuisset, utiliter ad petitionem admitteretur* (3). » Il en eût été de même
du pacte fait par l'homme libre qu'un débiteur aurait possédé de bonne foi (4).

---

(1) V. L. 1, § 4, *Quandò de pecul.* — L'héritier du père pouvait être actionné *de peculio* pendant
un an.

(2) V. L. 19, § 1. — L. 21, pr., *De pactis,* et le *Commentaire* de Cujas sur ces deux lois.

(3) V. L. 55, *De pactis.*

(4) V. L. 19, pr., *De pactis.*

7

Plusieurs textes de notre titre ont été consacrés à l'examen du cas où un fils de famille étant créancier aurait lui-même fait remise par pacte au débiteur. Sans entrer à cet égard dans des détails qui nous entraîneraient trop loin, nous remarquerons qu'en principe le pacte *ne peteret* fait par le fils de famille était nul (1); car, d'après le droit romain, le droit d'agir en vertu des contrats où le fils en puissance avait joué le rôle de créancier n'appartenait pas à ce fils, mais au *paterfamilias*, dont il n'avait en quelque sorte été que l'organe. Il ne pouvait donc pas par un pacte se désister d'un droit qu'il n'avait pas, et d'un autre côté la règle que ceux qui sont *in potestate* ne peuvent pas rendre pire la situation du chef de famille était là pour empêcher que l'exception tirée du pacte pût victorieusement être opposée au père. Toutefois, des dérogations à ce principe nous sont signalées dans les lois 21, §§ 3 et 4; 28, § 2; 29 et 30, *De pactis*, et il est à présumer que ces cas exceptionnels durent s'augmenter de plus en plus à mesure que les pouvoirs accordés aux enfants sur leurs différents pécules prirent plus d'extension.

Le pacte *de non petendo* fait par le pupille *sine tutoris auctoritate* était-il valable? La loi 28, *pr.*, répond à cette question par une double décision. Si c'était comme créancier que le pupille avait pactisé *ne à debitore suo peteret*, ce pacte tendant à lui faire perdre son droit de créance était considéré comme non avenu, car c'est un principe proclamé dans les *Institutes* que celui qui est en tutelle « *conditionem suam non aliter deteriorem facere potest quàm tutore auctore.* » Que si, au contraire, c'était en qualité de débiteur qu'il avait pactisé *ne quod debeat à se peteretur*, comme ce pacte avait pour but de lui procurer sa libération, il était maintenu par application de la règle que le pupille a capacité suffisante pour tous les actes où il s'agit d'améliorer sa position.

Nous terminerons ce que nous avions à dire sur le pacte *de non petendo* en faisant remarquer que ce pacte ne doit pas être confondu avec un autre mode d'extinction des obligations consensuelles, le *mutuus dissensus*. Les contrats nés *ex solo consensu*, tels que la vente, le louage, avaient pour effet de créer des obligations réciproques, c'étaient des contrats synallagmatiques; aussi, pour qu'il fût possible aux parties de dissoudre ces contrats par le mutuel dissenti-

---

(1) V. L. 28, § 2, *De pactis.*

ment, il fallait que les choses fussent encore entières, c'est-à-dire qu'aucune des obligations n'eût encore été exécutée, ou, s'il y avait eu exécution de la part de l'un des contractants, que les choses eussent été restituées *in integrum,* au moyen d'une prestation en sens inverse de celle qui avait été faite (1). En effet, de même qu'en contractant chacune des parties n'avait entendu s'obliger que parce que l'autre s'obligeait envers elle, de même au cas de mutuel dissentiment, l'une des parties ne renonçait à l'obligation contractée vis-à-vis d'elle que parce que l'autre y avait également renoncé, et pour que cette opération complexe, d'où devait résulter la destruction du contrat tout entier, pût avoir lieu, il fallait par conséquent que ce contrat n'eût pas déjà reçu une exécution partielle. On pourrait jusqu'à un certain point dire que le mutuel dissentiment contenait deux conventions de remise dont l'une était la cause de l'autre, de sorte que, si l'une de ces conventions se trouvait nulle parce qu'un fait antérieur avait déjà éteint l'obligation de l'une des parties contractantes, elle entraînait nécessairement la nullité de l'autre convention. Le pacte *de non petendo* au contraire était une opération unilatérale faite le plus souvent dans une intention de libéralité et pouvant s'appliquer à toute espèce d'obligation, sans qu'il y eût à distinguer si cette obligation provenait d'un contrat réel, verbal ou consensuel, si ce contrat était unilatéral ou synallagmatique, si les choses étaient ou non entières, n'opérant en principe que *exceptionis ope,* à la différence du mutuel dissentiment, qui était un des modes d'extinction *ipso jure.*

---

(1) V. L. 58, *De pactis.*

CHAPITRE QUATRIÈME.

**Règles spéciales relatives au pacte qui, au cas de décès du débiteur,
pouvait intervenir entre l'héritier et les créanciers héréditaires.**

Lorsqu'un débiteur venait à décéder laissant une succession chargée de dettes
considérables, ses héritiers avaient soin d'ordinaire, avant de faire adition
d'hérédité, de rassembler la masse des créanciers du défunt, afin de s'entendre
avec eux, et d'obtenir comme condition de leur adition la remise d'une partie
du passif. Lorsque les créanciers consentaient aux propositions qui leur étaient
faites, il intervenait alors entre les parties une espèce de transaction par
laquelle les héritiers s'engageaient à payer une partie des dettes moyennant
l'abandon qui était fait du surplus (1).

Dans le principe, chaque créancier agissait isolément, et faisait avec l'héritier du débiteur tel pacte que bon lui semblait, sans avoir à s'inquiéter du parti
pris par les autres créanciers. Mais ce mode de procéder, conforme à la règle
que l'on ne peut par pacte porter aucune atteinte aux droits d'autrui, offrait
de graves inconvénients ; le caprice, le mauvais vouloir d'un seul créancier qui
refusait de consentir à toute remise, de quelque nature qu'elle fût, pouvait
empêcher l'héritier de faire acte d'adition et occasionner ainsi un grave
préjudice pour tous les autres créanciers. Aussi un décret de Marc-Aurèle,
auquel se réfèrent plusieurs fragments du titre *De pactis*, décida, dans un but
d'utilité pratique, que la minorité des créanciers serait obligée à l'avenir de
subir la remise qui aurait été consentie par la majorité (2). Le pacte de remise
se trouva dès lors, par une dérogation notable au droit commun, nuire à des

---

(1) Théophile, dans ses *Institutes*, liv. 3, tit. 12, nous apprend que des pactes analogues inter-
venaient également entre l'*emptor bonorum* et les créanciers qui poursuivaient la vente du patrimoine
de leur débiteur. Voyez la loi 60, *De pactis*.

(2) V. L. 7, § 19, *De pactis*.

tiers entièrement étrangers aux pactisants. Nous examinerons brièvement, en ce qui concerne ce pacte particulier, 1° comment se déterminait la majorité des créanciers dont la décision devait faire loi pour tous; 2° à quels créanciers s'appliquait le décret de Marc-Aurèle.

1° Comment se déterminait la majorité des créanciers? Les lois 8 et 9 de notre titre répondent à cette question. Il fallait consulter le montant des créances et non le nombre des créanciers; si la somme des créances était égale de part et d'autre, c'était le nombre des créanciers qui faisait la majorité; s'il y avait égalité tout à la fois, *in cumulo debiti et in numero creditorum*, il fallait examiner de quel côté se trouvaient les créanciers les plus dignes; enfin, s'il y avait égalité sous tous les rapports, le préteur devait suivre l'opinion la plus favorable à l'héritier, c'est-à-dire celle qui tendait à lui faire la plus forte remise. S'il y avait plusieurs *correi stipulandi*, ils n'étaient tous ensemble comptés que pour un seul créancier, *quia unum debitum est*. Il en était de même de tous les cotuteurs d'un même pupille, *quia unius nomine paciscuntur*. La circonstance que l'on pouvait intenter plusieurs actions n'était pas non plus une cause de préférence, lorsqu'il y avait d'ailleurs égalité dans le montant des créances; ainsi le tuteur de plusieurs pupilles, *unum debitum prætendentium*, n'était compté que pour un seul créancier. La masse des dettes se composait de tout ce qui était dû par le défunt, tant en capital qu'en intérêts.

2° A quels créanciers s'appliquait le décret de Marc-Aurèle? D'après le droit français, les créances se divisent en trois classes: elles sont ou simplement chirographaires, ou hypothécaires, ou privilégiées. En droit romain, au contraire, il n'y avait en réalité que des créances chirographaires ou hypothécaires; seulement en relation avec les créanciers purement cédulaires, il y avait certains créanciers également cédulaires mais privilégiés, qui ne subissaient pas la loi commune, et venaient immédiatement après les créanciers hypothécaires par préférence à tous les autres; de même en relation avec les créanciers hypothécaires, il y avait d'autres créanciers également hypothécaires mais privilégiés; en un mot, le privilége n'avait à Rome qu'un caractère relatif, tandis qu'il a chez nous un caractère absolu. Cela posé, le décret de Marc-Aurèle s'appliquait sans difficulté aux créanciers cédulaires non privilégiés qui avaient assisté à la délibération commune, et même à ceux qui étaient absents;

la décision de la majorité était obligatoire pour eux. Quant aux créanciers cédulaires privilégiés, s'ils avaient pris part à la délibération de la masse, ils devaient également subir la réduction qui avait été consentie par le plus grand nombre (arg. *à fortiori* de la loi 10, *in pr.*, *De pactis*); que s'ils étaient absents, il y avait eu controverse sur la question de savoir si le décret leur serait applicable, mais Ulpien nous apprend que l'affirmative avait prévalu. En conséquence leurs créances se trouvaient restreintes dans la même proportion que toutes les autres; mais ils conservaient toujours leur privilége pour ce qui leur était encore dû. C'est ainsi que peuvent se concilier les lois 10, *in pr.*, *De pactis*, et 58, § 1, *Mandati*, qui paraissent au premier abord en contradiction l'une avec l'autre. L'avis de la majorité nuit aux créanciers cédulaires privilégiés en ce sens qu'elle diminue le montant de leurs créances; elle ne leur nuit pas en ce sens qu'ils restent toujours privilégiés, mais seulement pour une somme moins forte. Enfin, à l'égard des créanciers hypothécaires privilégiés ou non, le décret restait sans application, ils conservaient leurs droits dans toute leur étendue, à moins qu'un acte de leur part ne pût faire présumer qu'ils avaient voulu subir le sort commun; il est probable que cette présomption résultait de la part qu'ils auraient prise aux délibérations de la masse.

Une seconde dérogation à la règle : « *Alteri pacisci nemo potest*, » fut également introduite par Justinien dans la loi 8 au Code *Qui bon. ced.* Lorsqu'un débiteur offrait à ses créanciers de leur faire la cession de biens si la majorité consentait à lui accorder un délai de cinq ans, cette convention, toute favorable au débiteur, devenait obligatoire pour la minorité. Il suffisait même que la majorité numérique fût d'avis de concéder le délai pour que le débiteur pût s'en prévaloir *ergà omnes*.

DROIT FRANÇAIS.

INTRODUCTION.

Les obligations considérées sous le rapport des personnes qui en sont les sujets actifs ou passifs se divisent en obligations simples et obligations multiples.

Les obligations simples sont celles dans lesquelles il y a tout à la fois unité de créancier et unité de débiteur. Le bénéfice de la créance est alors acquis en totalité à une seule personne, et la charge de la dette pèse également sur un seul.

Les obligations multiples, au contraire, sont celles dans lesquelles il y a, ou tout à la fois pluralité de créanciers et pluralité de débiteurs, ou unité de créancier et pluralité de débiteurs, ou enfin pluralité de créanciers et unité de débiteur.

Ces dernières se subdivisent en obligations disjointes et en obligations con-jointes.

Il y a obligation disjointe lorsque la qualité de créancier ou de débiteur ne se trouve appartenir à plusieurs personnes que sous une particule disjonctive. Telle serait, par exemple, l'obligation qui résulterait d'une promesse par moi faite de payer une certaine somme à Primus ou à Secundus. Dans une pareille hypothèse, il y a bien deux créanciers, et sous ce rapport il est vrai de dire que l'obligation est multiple, mais un seul doit en définitive bénéficier de la totalité de la créance, c'est celui des deux auquel il me plaira d'effectuer le payement, et ce payement une fois effectué, je me trouve libéré vis-à-vis de tous deux. Les obligations de ce genre ont, du reste, comme le fait avec raison remarquer Toullier, quelque chose de singulier et de bizarre qui doit les rendre bien rares dans la pratique. Cependant plusieurs textes du droit romain, et notamment les lois 16, au Dig., *De legat.*, 2, et 4, au Code, *De verb. signific.*, attestent qu'il était assez fréquent de rencontrer des dispositions testamentaires ainsi conçues : *Ille aut ille mihi heres esto. Illi aut illi do lego*, etc. Il y avait même eu à cet égard grand débat entre les jurisconsultes romains sur le sens et les effets de ces dispositions. Les uns voulaient qu'elles demeurassent inefficaces, à cause de leur obscurité. Les autres accordaient tout le bénéfice de l'institution ou du legs au premier occupant, c'est-à-dire à celui qui avait agi le premier. D'autres ne voyaient dans le second institué ou le second légataire qu'un substitué qui ne pouvait venir qu'à défaut de l'héritier ou du légataire premier nommé. D'autres enfin considéraient la seconde partie de la disposition comme ayant opéré révocation tacite de la première, et ne faisaient bénéficier que le légataire ou l'héritier nommé le dernier. La loi 4, au C., *De verb. signifi.* (1), qui mentionne toutes ces divergences, les fait cesser pour l'avenir en admettant le concours simultané des deux institués; elle donne ainsi à la particule disjonctive *ou* le même effet qu'à la conjonctive *et;* à moins toutefois qu'il ne soit prouvé que l'intention du testateur a été de gratifier l'une ou l'autre des parties pour le tout, et non pas chacune d'elles pour partie, auquel cas la présomption de la loi 4 doit tomber. Telle est l'hypothèse de la loi 16, *De legat.* (2), où le jurisconsulte Paul, en présence d'un legs ainsi conçu : *Titio aut Seio, utri heres velit, do lego*, décide que l'héritier sera libéré en payant à son

---

(1) L. 4, C., *De verb. signif.* : Cum quidam sic vel institutionem, vel legatum, vel fideicommissum, vel libertatem, vel tutelam scripsisset : *ille aut ille mihi heres esto;* vel *illi aut illi do lego;* vel *dari volo;* vel *illum aut illum liberum; aut tutorem esse; volo vel jubeo*, dubitabatur utrùm ne inutilis sit hujusmodi institutio, et legatum, et fideicommissum, et libertas et tutoris datio? an occupantis melior conditio sit? an ambo in hujusmodi lucra, vel munera vocentur? et an secundùm aliquem ordinem admittantur? an uterque omnimodò? Cum alii in institutionibus primum quasi institutum admitti, secundum quasi substitutum; alii in fideicommissis posteriorem solum accepturum fideicommissum existimaverint, quasi recentiore voluntate testatoris utentem, etc. ...Melius itaque nobis visum est, omni hujusmodi verbositate explosâ, conjunctionem *aut* pro *et* accipi, etc.

(2) L. 16, *De legat.*, 2°. — Si Titio aut Seio, *utri heres vellet*, legatum relictum est, heres alteri dando ab utroque liberatur. Si neutri dat, uterque perindè petere potest atque si ipsi soli legatum foret, nam ut stipulando duo rei constitui possunt, ità et testamento potest id fieri.

choix la totalité du legs à Titius ou à Seius, et que celui des deux qui aura reçu le payement n'en devra aucun compte à son colégataire.

Il faudrait également voir une obligation disjointe dans une disposition ainsi conçue : *Mon héritier donnera aux carmes ou aux jacobins une somme de cent livres.* Et c'est à tort, selon nous du moins, que Pothier (1) voit là un exemple de solidarité entre créanciers. En effet, un des principaux caractères de la solidarité active, dans notre droit du moins (2), c'est, ainsi que nous le verrons plus loin, que le bénéfice de l'obligation soit partageable et divisible entre les divers créanciers (3); or, dans l'espèce qui nous occupe, ce caractère essentiel n'existe pas, il est certain que celui des deux couvents auquel mon héritier aurait payé les cent livres aurait un droit exclusif sur cette somme et ne serait aucunement tenu d'en céder la moitié à son colégataire.

Il y a obligation conjointe lorsque la qualité de créancier ou de débiteur appartient à plusieurs personnes, non plus sous une particule disjonctive, mais sous une particule conjonctive, non plus alternativement, mais simultanément. Ainsi : Je promets de payer cent à Primus *et* à Secundus ; ou bien : Primus *et* Secundus s'engagent à me payer cent.

Ces obligations, qui se présentent très-fréquemment dans la pratique, se subdivisent elles-mêmes en deux classes : les unes, qui forment le droit commun, conservent le nom d'obligations conjointes proprement dites; les autres, qui n'apparaissent que comme une exception, une dérogation au droit commun, mais qui sont cependant très-usitées, sont connues sous la dénomination d'obligations solidaires.

Lorsque l'obligation est simplement conjointe, c'est-à-dire toutes les fois qu'il y a soit plusieurs créanciers, soit plusieurs débiteurs conjoints, et que la clause de solidarité n'existe pas, la règle de droit commun, c'est que la créance ou la dette se divise, *ipso jure*, en autant de portions égales qu'il y a de créanciers ou de débiteurs. L'obligation n'incombe alors activement ou passivement à chacun que pour sa part virile; à moins toutefois qu'il n'ait été convenu entre

---

(1) V. Poth, n° 259, *Traité des obligat.*

(2) En droit romain, il fallait distinguer s'il y avait ou non société entre les cocréanciers solidaires, et la société ne se présumait pas.

(3) V. art. 1197, *in fine.*

8

les parties contractantes qu'elle se répartirait par portions inégales, soit entre les créanciers, soit entre les débiteurs, auquel cas l'obligation conserve toujours son caractère d'obligation simplement conjointe, mais se trouve seulement modifiée quant au *quantùm* afférant à chacun dans la créance ou dans la dette. Il pourrait également se faire que dans une obligation conjointe figurassent plusieurs personnes n'ayant qu'un seul et même intérêt; tels seraient le mari et la femme communs en biens; dans ce cas, il faudrait dans la division de la créance ou de la dette ne les compter que pour une seule et même personne.

Du principe que l'obligation simplement conjointe se divise, *ipso jure*, par parts et portions viriles, soit activement, soit passivement, résultent les conséquences suivantes, qui constituent les principales différences entre ces obligations et les obligations solidaires :

1° Chaque créancier conjoint ne peut agir contre le débiteur que jusqu'à concurrence de sa part dans la créance, et réciproquement chaque débiteur conjoint n'est tenu envers le créancier que jusqu'à concurrence de sa part dans la dette.

2° Le fait, la faute ou la mise en demeure de l'un des débiteurs conjoints ne nuit pas à ses codébiteurs, même *ad perpetuandam obligationem*.

3° Les poursuites exercées contre l'un des débiteurs conjoints n'interrompent pas la prescription à l'égard de tous.

4° La demande d'intérêts formée contre l'un des débiteurs conjoints ne fait pas courir les intérêts à l'égard de tous.

5° La perte occasionnée par l'insolvabilité de l'un des débiteurs conjoints est supportée par le créancier et non par ses codébiteurs (1).

En un mot, lorsque l'obligation est simplement conjointe, on peut dire qu'il y a plusieurs créances ou dettes partielles restant parfaitement distinctes les unes des autres.

Tel est le droit commun. Mais il arrive souvent aux parties contractantes d'y déroger au moyen de la clause de solidarité. La loi elle-même, dans quelques cas, déclare que plusieurs débiteurs conjoints seront solidairement tenus. Il nous reste donc maintenant, pour compléter cet aperçu rapide des obligations

---

(1) V., au contraire, en matière de solidarité, les articles 1197, 1200, 1205, 1206, 1207, 1214 2°, 1215, et Toullier, n° 714, *Traité des obligat.*

envisagées au point de vue des personnes qui en sont les sujets, à examiner ce que c'est que la solidarité, en quoi elle modifie en les augmentant les droits de chacun des créanciers, en quoi au contraire elle aggrave la situation de chacun des débiteurs en rendant ses obligations plus lourdes et plus onéreuses.

La solidarité peut être définie une qualité exceptionnelle de la créance ou de la dette qui, quand il y a plusieurs créanciers, donne à chacun d'eux le droit de demander l'exécution de l'obligation en totalité, et, quand il y a plusieurs débiteurs, impose à chacun l'obligation d'acquitter la dette tout entière. Le payement fait à un seul éteint la totalité de la créance; le payement fait par un seul éteint la totalité de la dette.

Dans l'obligation solidaire, il n'y a qu'un seul objet, *una res vertitur* (1), mais malgré la pluralité des créanciers, chacun d'eux dans ses rapports avec le débiteur est considéré comme créancier du total, et, malgré la pluralité des débiteurs, chacun d'eux dans ses rapports avec le créancier est considéré comme débiteur du total; de telle sorte qu'il est vrai de dire avec la loi 9, § 2, *De duob. reis* : « *In cujusque personâ propria singulorum consistit obligatio.* »

L'obligation solidaire ne doit pas être confondue avec l'obligation indivisible (2). L'indivisibilité provient de la nature même de la chose qui fait l'objet de l'obligation, c'est une qualité réelle de l'obligation, qui par conséquent passe activement et passivement aux héritiers (3) : « *realis est, quia obligationi ipsi et rei debitæ adhæret, ideoque transit ad heredes et in heredes.* » La solidarité au contraire ne présuppose pas le moins du monde l'indivisibilité de l'obligation (4), elle est le résultat de la convention des parties et quelquefois de la loi, elle est toute personnelle et par conséquent n'empêche pas la division de l'obligation entre les héritiers : « *personalis est, non transit ad heredes neque in heredes.* » Seulement, lorsqu'il y a solidarité, c'est l'unité totale qui se divise entre les héritiers, tandis que lorsqu'il n'y a pas solidarité, c'est seulement une fraction de cette unité.

---

(1) V. *Instit.*, liv. 3, tit. 16, § 1.

(2) V. art. 1219 : « La solidarité stipulée ne donne point à l'obligation le caractère d'indivisibilité. »

(3) V. art. 1223 et 1224 1°.

(4) La plupart du temps l'objet de l'obligation solidaire sera parfaitement divisible.

Les contrats n'existant que pour procurer à chacun ce qu'il a personnellement intérêt à obtenir, *ut quod suâ interest quisque obtineat,* on ne comprendrait pas qu'une obligation pût ainsi compéter activement ou passivement *in solidum* à chacun des créanciers ou des débiteurs, si l'on n'appelait à son secours les idées de société, de cautionnement ou de mandat réciproque. C'est ce qu'a fait notre législateur français, et la plupart des dispositions que contient le Code civil sur les obligations solidaires présupposent évidemment un contrat, soit exprès, soit tacite, intervenu entre plusieurs personnes, par lequel elles se sont réciproquement chargées de demander ou de payer la totalité de la dette.

Notre droit, sous ce rapport, est bien plus logique et bien plus sage en même temps que le droit romain, qui se refusait à sous-entendre toute espèce de société ou autre contrat analogue entre les créanciers ou les débiteurs solidaires et qui poussait la rigueur des principes jusqu'à attribuer exclusivement tout le bénéfice de la créance à celui des créanciers qui avait reçu le payement, et jusqu'à laisser peser tout le fardeau de l'obligation sur celui des débiteurs qui avait acquitté la dette. Nos anciens auteurs avaient déjà critiqué et condamné ce système injuste et bizarre, et le Code, en maintenant son abrogation, n'a fait que confirmer l'opinion de Domat, de Dumoulin et de Pothier.

Nous examinerons successivement, en suivant l'ordre adopté par les rédacteurs du Code civil dans la section des obligations solidaires, les règles sur la solidarité entre les créanciers et celles sur la solidarité entre les débiteurs.

CHAPITRE PREMIER.

De la solidarité entre les créanciers.

La solidarité ou corréalité entre les créanciers paraît avoir été usitée dans le droit romain, si l'on en juge d'après les fragments assez nombreux du Digeste où il est question des *rei stipulandi*, lesquels n'étaient autre chose que de véritables créanciers solidaires. Cette pratique s'explique par deux raisons principales. La première, qui avait disparu à l'époque de Justinien, c'est que pendant longtemps, en droit romain, il fut admis qu'on ne pouvait pas plaider par procureur (1); il fallait, pour avoir le droit d'agir en justice, avoir été soi-même partie au contrat; or, pour éluder la rigueur de ce principe, on avait recours à la solidarité (2), chacun des *correi stipulandi* ayant figuré comme partie active à la stipulation, avait ainsi satisfait à l'exigence du droit civil, et pouvait dès lors *stare in jure aut in judicio*. Plus tard, alors même qu'il fut permis de plaider par procureur, une seconde raison empêcha l'usage de la solidarité active de tomber en désuétude, ce fut la nécessité où se trouvait alors celui qui voulait agir en qualité de mandataire de donner caution (3) que le mandant ratifierait tout ce qui aurait été fait, nécessité souvent embarrassante et fâcheuse, dont il était plus commode de s'affranchir en faisant figurer au contrat comme costipulant celui à qui on voulait confier le droit d'exercer des poursuites contre le débiteur.

Dans le droit français nous n'avons rien de pareil; aussi la solidarité entre créanciers ne se présente-t-elle chez nous que très-rarement. Les rédacteurs du

---

(1) V. *Instit.*, liv. 4, tit. 10.

(2) Il y avait encore un autre moyen d'obvier à la règle qui défendait d'agir par procureur, c'était l'*adstipulation*, dont il est question dans les *Institutes* de Gaïus, *Comm.* 3, §§ 110 et suiv.

(3) Sur la caution, *De rato*, voyez *Instit.*, liv. 4, tit. 11, *pr.*, et §§ 1 et 3.

Code ne lui ont consacré que trois articles, et ils n'en auraient probablement pas parlé s'il n'en eût été question dans Pothier qui leur servait de guide, et qui lui-même ne s'en était occupé que par souvenir du droit romain. La solidarité active présente d'ailleurs un très-grand inconvénient, c'est d'enchaîner irrévocablement les parties en constituant une espèce de mandat dont elles ne peuvent plus se départir dans la suite; aussi ceux qui contractent, ayant la possibilité, au moyen d'un mandat réciproque mais révocable (1), d'atteindre le même résultat qu'au moyen de la solidarité, préféreront d'ordinaire ce dernier parti, qui leur offre autant d'avantages et en même temps moins de périls.

Il est de principe que les créances ne s'aggravent qu'au fur et à mesure qu'on prouve leur aggravation; et, la solidarité tendant évidemment à aggraver la situation du débiteur vis-à-vis de chacun des créanciers, c'est avec raison que l'article 1197 nous dit que, pour que l'obligation soit solidaire entre plusieurs créanciers, il faut que cela résulte expressément du titre. Toutefois il n'est pas nécessaire que les parties aient employé le mot *solidairement;* il suffirait d'avoir dit que chacun des créanciers pourrait exiger le tout, ou qu'il aurait le droit d'agir pour le tout, ou que le débiteur serait tenu pour le tout vis-à-vis de chacun d'eux.

Il n'y a aucun exemple de solidarité active légale. Cette sorte de solidarité ne peut donc résulter que de la volonté de l'homme exprimée soit dans des actes entre vifs, soit dans des actes de dernière volonté. Mais la solidarité active provenant d'actes entre vifs est tellement peu fréquente que l'on n'en rencontre aucun exemple dans les recueils de jurisprudence; ce n'est guère que dans les testaments qu'il arrive quelquefois de voir plusieurs personnes constituées créancières solidaires pour la commodité des poursuites qu'elles pourraient avoir à exercer.

Les effets de la solidarité active doivent être envisagés à un double point de vue : 1° dans les rapports de chacun des créanciers solidaires avec le débiteur; 2° dans les rapports des créanciers solidaires entre eux. Nous en traiterons successivement dans les deux sections suivantes.

---

(1) V. art. 2003 1°.

SECTION PREMIÈRE.

DES EFFETS DE LA SOLIDARITÉ ACTIVE DANS LES RAPPORTS DE CHACUN
DES CRÉANCIERS AVEC LE DÉBITEUR.

§ Ier.

Des droits que la solidarité confère à chacun des créanciers.

La loi, ainsi que nous en avons déjà fait la remarque, présume entre les
divers créanciers solidaires l'existence d'une sorte de mandat réciproque à
l'effet de conserver, améliorer et recouvrer la créance. Ce mandat confère à
chacun des créanciers, dans ses rapports avec le débiteur, les droits suivants :

1° Il peut recevoir payement et donner quittance de la totalité de la dette. Le
payement, bien que fait à un seul des créanciers, opère la libération absolue
du débiteur, non-seulement à l'égard de celui entre les mains duquel il a été
effectué, mais encore à l'égard de tous les autres. L'obligation était unique au
point de vue de son objet, dès lors un seul payement, une seule prestation de
cet objet a dû suffire; celui à qui on a payé avait capacité pour recevoir le
total, il y a donc eu régularité dans le payement, et, par conséquent, extinction complète de l'obligation.

Ce droit qu'a le créancier solidaire de recevoir la totalité de la dette établit
une certaine analogie entre sa position et celle de l'*adjectus solutionis gratiâ*,
espèce de mandataire irrévocable constitué dans l'intérêt du débiteur et pour la
plus grande commodité du payement. Mais les pouvoirs de l'*adjectus* sont
beaucoup plus restreints et limités que ceux d'un créancier solidaire, car il n'a
qu'une mission, celle de recevoir, et tout autre acte par lui fait devrait être
considéré comme excédant les bornes de son mandat.

Le débiteur ayant le choix de payer à l'un ou à l'autre des créanciers solidaires, pourrait également invoquer vis-à-vis de chacun d'eux les circonstances
qui tiennent lieu de payement. Ainsi, s'il se trouvait lui-même créancier du
créancier solidaire qui le poursuit, il pourrait lui opposer la compensation.

Pourrait-il également opposer au créancier demandeur la compensation de ce qui lui serait dû par un des autres créanciers? Cette question est controversée. — Dans un premier système, on nie que ce droit puisse appartenir au débiteur. En effet, dit-on, puisque, au cás de dette solidaire, l'article 1294 3° refuse à l'un des débiteurs le droit d'opposer la compensation de ce que le créancier doit à son codébiteur, nous devons par voie d'analogie appliquer la même doctrine lorsqu'il s'agit de créanciers solidaires. Le législateur, en édictant la disposition de l'article 1294 3°, a voulu éviter les complications et les difficultés qui n'auraient pas manqué de se présenter si le débiteur poursuivi eût pu exiger la discussion des comptes du créancier avec son codébiteur, et ces mêmes difficultés existeraient également s'il était permis d'opposer à l'un des créanciers solidaires la compensation du chef de son cocréancier. — Dans un second système, qui est la contre-partie du premier, on décide que le débiteur peut, sans aucune restriction, opposer en compensation à l'un des créanciers ce qui lui est dû par un autre créancier. En matière de compensation, dit-on, le principe posé dans l'article 1290 c'est qu'elle opère de plein droit par la seule force de la loi ; l'article 1294 3° est donc une dérogation, une exception à la règle générale. Or les exceptions ne peuvent pas s'étendre par voie d'analogie, et, du moment où le Code est muet sur la question qui nous occupe, c'est au principe de l'article 1290 qu'il faut nous référer. De plus, on fait remarquer qu'il n'y a pas analogie complète entre l'hypothèse prévue par l'article 1294 et celle qui nous occupe. En effet, ce que la loi défend au débiteur solidaire poursuivi c'est d'argumenter contre le créancier des rapports qui existent entre ce créancier et un des autres débiteurs, rapports auxquels, par conséquent, le débiteur poursuivi est complétement étranger. Or, dans l'espèce qui nous occupe, en admettant que le débiteur puisse invoquer la compensation du chef d'un autre créancier que le créancier demandeur, on ne fait que permettre à ce débiteur d'invoquer pour sa défense ses propres comptes, ses propres rapports avec un tiers, il est vrai, mais avec un tiers associé du demandeur. — Enfin une troisième opinion qui nous paraît préférable, tout en admettant la théorie et les arguments présentés par les partisans du second système, restreint ce qu'il peut avoir de trop absolu, et ne permet au débiteur d'opposer à l'un des créanciers solidaires la compensation du chef d'un autre créancier que jusqu'à concurrence de la part que ce créancier, débiteur du débiteur, doit avoir dans l'obligation solidaire. En effet, ce n'est que parce que les créanciers solidaires sont mandataires réciproques les uns des autres que la compensation peut être opposée à chacun d'eux du chef de son cocréancier. Or, le créancier solidaire qui intente des poursuites, agissant tout à la fois *suo et procuratorio nomine,* le débiteur ne doit pouvoir lui opposer la compensation que jusqu'à concurrence de la part de la créance pour laquelle il agit en qualité de mandataire et non pour le surplus, car ce n'est qu'en sa qualité de créancier du mandant qu'il peut ici invoquer la compensation. Il ne faut pas d'ailleurs que, par suite de l'exception de compensation, le créancier diligent se trouve exposé aux chances d'insolvabilité que peut présenter son cocréancier.

2° Outre le droit de recevoir, chacun des créanciers solidaires peut encore demander le payement du total et par conséquent intenter des poursuites contre le débiteur. La loi attache même aux poursuites exercées par l'un des créanciers l'effet d'obliger le débiteur à effectuer son payement ès mains de ce créancier, il est dès lors privé du droit qu'il avait auparavant de payer aux autres. Cette décision, qui a été empruntée par les rédacteurs du Code au n° 260 3° du *Traité des obligations* de Pothier, nous vient du droit romain (1). A Rome, la *litiscontestatio* (2) opérait une espèce de novation par suite de laquelle l'obligation primitive était éteinte et remplacée par une nouvelle (3); lors donc que le débiteur avait été poursuivi par l'un des créanciers solidaires, comme la *litiscontestatio* avait eu pour résultat de le libérer vis-à-vis de tous les autres créanciers, il était naturel de décider qu'il ne pouvait plus désormais payer qu'à celui qui, par l'exercice des poursuites, était devenu son unique créancier. Dans notre droit français, nous ne retrouvons rien d'analogue à cette novation judiciaire; le législateur aurait donc pu sans inconvénient supprimer la première partie

---

(1) V. L. 16, *De duob. reis* : « Ex duobus reis stipulandi, si semel unus egerit, alteri promissor offerendo pecuniam nihil agit. »

(2) C'était l'acte d'où résultait l'engagement contradictoire de l'instance entre les parties.

(3) Voici à cet égard comment s'exprime Gaïus, liv. 3, § 180 : « Tollitur adhuc obligatio litiscontestatione... nam tunc obligatio quidem principalis dissolvitur, incipit autem teneri reus litiscontestatione... Et hoc est quod apud veteres scriptum est : Antè litem contestatam dare debitorem oportere, post litem contestatam condemnari oportere, etc. »

9

de l'article 1198. On peut dire toutefois, pour la justifier, que la loi a voulu ainsi récompenser le créancier qui, par sa vigilance, avait peut-être conservé la créance tout entière.

Si le débiteur, en violation de l'article 1198 1°, payait à un autre qu'au créancier poursuivant, il y aurait faute de sa part, et, au cas d'insolvabilité de celui qui aurait reçu le payement, il serait obligé d'indemniser le créancier poursuivant du dommage qu'il lui aurait causé, en lui remboursant le montant de sa part réelle dans l'obligation solidaire.

3° Enfin, chaque créancier solidaire a le droit de faire toute espèce d'actes tendant à la conservation de la créance, tels qu'une saisie, un commandement, une sommation, une prise d'inscription hypothécaire, une requête à fin de nomination de tuteur ou de curateur à succession vacante, au cas de minorité ou de décès du débiteur, etc., etc.; et tous ces actes, quoique faits par un seul des créanciers, opèrent au profit de tous. La demande d'intérêts bien que faite par un seul profiterait également à tous les autres. De même, l'acte interruptif de prescription à l'égard d'un seul pourrait être invoqué par tous les autres, ainsi que la reconnaissance faite par le débiteur vis-à-vis de l'un d'eux seulement.

Si l'un des créanciers solidaires venait à décéder laissant plusieurs héritiers, l'acte interruptif de prescription fait par un de ces héritiers ne profiterait pas aux autres héritiers et ne pourrait être invoqué par les créanciers solidaires survivants que jusqu'à concurrence de la part de cet héritier dans la créance. Ce n'est que dans le cas où chacun des héritiers du créancier décédé aurait agi que la prescription serait interrompue pour le tout à l'égard des créanciers survivants. Cette décision n'est pas écrite dans la loi, mais elle peut facilement s'induire, par voie d'analogie, des dispositions de l'article 2249, qui contient la même doctrine en ce qui concerne les actes interruptifs faits par l'un des héritiers de l'un des débiteurs solidaires décédé.

Si l'un des créanciers était mineur ou interdit et que par suite il y eût suspension de la prescription à son égard, nous pensons que la prescription n'en continuerait pas moins à courir contre les autres créanciers majeurs pour leur part dans la créance. En effet, la protection que la loi accorde ici au mineur, à l'interdit, en les restituant en quelque sorte *in integrum* contre les effets de la prescription, est une protection toute spéciale, toute personnelle; et, la dette étant d'ailleurs divisible, nous ne voyons pas pour quel motif la prescription serait interrompue au profit des créanciers majeurs et capables.

§ II.

Des limites aux droits des créanciers solidaires.

Le créancier solidaire n'a pas mandat pour dénaturer ni pour anéantir la créance. De là résultent les conséquences suivantes :

1° Il ne peut pas faire remise de la dette de manière à libérer le débiteur à l'égard de tous les autres créanciers. La remise par lui consentie a seulement pour effet d'éteindre son droit dans la créance, mais elle ne porte aucune atteinte aux droits de ses cocréanciers.

L'article 1198 2°, qui consacre cette décision, ne fait du reste que reproduire la doctrine de la loi 27, *in pr., De pactis*, où il est formellement dit que la remise par pacte consentie par l'un des créanciers solidaires ne peut pas être opposée aux autres. Il est bien vrai que Pothier, au n° 260 4° de son *Traité des obligations*, décide, en invoquant la loi 2, *De duob. reis* (1), que chacun des créanciers peut faire remise de la dette au débiteur de manière à le libérer envers tous ; mais Pothier s'attachait mal à propos aux idées romaines sur l'acceptilation, mode d'extinction du droit civil qui était assimilé, quant à tous ses effets, à un véritable payement.

2° La novation consentie par l'un des créanciers solidaires n'est pas opposable à ses cocréanciers ; elle ne produit effet que pour sa part dans la créance. Cette décision n'est pas textuellement écrite dans la loi, mais elle résulte par voie de conséquence de l'article 1198 2°. N'étant pas maître absolu de l'obligation, n'ayant qualité pour agir que dans l'intérêt commun, un seul des créanciers ne doit pas pouvoir éteindre par novation l'obligation tout entière.

En droit romain, au contraire, la majorité des jurisconsultes admettait que la novation faite par l'un des créanciers solidaires entraînait extinction pleine et entière de l'obligation primitive, même à l'égard des autres créanciers. Chacun

---

(1) V. L. 2, *De duobus reis* : « Acceptilatione unius tota solvitur obligatio. »

des *correi stipulandi* était considéré comme tellement investi de la totalité de la créance, qu'on lui reconnaissait le droit de faire tous les actes qu'il eût pu faire s'il eût été seul créancier. Cependant la loi 27, *in pr.*, *De pactis*, atteste que cette opinion n'était pas universellement admise, et que les règles de l'équité en vertu desquelles on décidait que le pacte de remise fait par l'un des créanciers n'était pas opposable à ses cocréanciers tendaient également à faire admettre que la novation volontaire consentie par un seul créancier ne pouvait opérer qu'à son égard.

3° L'un des créanciers solidaires ne peut pas transiger avec le débiteur sur la part de ses cocréanciers dans la créance.

L'article 1365 2° fait une application de ce principe en décidant que le serment déféré par l'un des créanciers solidaires ne peut pas préjudicier aux droits des autres créanciers, et n'opère que jusqu'à concurrence de la part que celui qui a déféré le serment avait dans l'obligation. En effet, la délation du serment n'est en réalité qu'une véritable transaction contenant remise conditionnelle au profit du débiteur, dans le cas où celui-ci jurerait qu'il ne doit rien, et dès lors nous retombons sous l'application de l'article 1198 2°.

De la décision de l'article 1365 2°, quelques auteurs ont cru devoir conclure que lorsque l'un des créanciers solidaires a agi en justice contre le débiteur pour la totalité de la dette, et qu'il a succombé dans le procès, la chose jugée ne peut produire d'effet au profit du débiteur que jusqu'à concurrence de la part de ce créancier. En effet, dit-on, la chose jugée n'est en réalité qu'une sorte de transaction par laquelle les parties conviennent que la créance sera éteinte dans le cas où le juge donnerait gain de cause au débiteur (*in judicio quasi contrahimus*); or, le créancier solidaire n'a pas mandat pour éteindre la créance, donc la chose jugée n'est pas opposable à ses cocréanciers. — Nous pensons avec la majorité de ceux qui ont examiné cette question qu'un pareil système doit être rejeté. Du moment où chacun des créanciers solidaires peut poursuivre le débiteur pour la totalité de la dette, et il est incontestable qu'il a ce droit en présence des articles 1197, 1198 1°, 1199 et 2244 comparés, il faut, par voie de conséquence, admettre que la chose jugée contre un seul des créanciers doit être opposable à tous les autres. On ne comprendrait pas que le débiteur actionné *in solidum* par un seul des créanciers pût se trouver dans la singulière alternative d'être tenu pour le tout et vis-à-vis de chacun des créanciers dans le cas où la décision du juge aurait donné gain de cause au créancier poursuivant, tandis que s'il y avait chose jugée en sa faveur, il ne pourrait s'en prévaloir que vis-à-vis du créancier demandeur, et seulement jusqu'à concurrence de la part de ce dernier dans la créance. Les effets de la chose jugée ne peuvent pas ainsi être augmentés ou restreints suivant que le juge s'est prononcé pour le demandeur ou pour le défendeur. Il faut que la chance malheureuse qui menace le débiteur, dans le cas où il viendrait à succomber, soit compensée par une chance égale en sens contraire pour le cas où il triompherait. Quant à l'argument d'analogie que l'on voudrait tirer dans le système contraire de l'article 1365 2°, nous ferons remarquer que les rédacteurs du Code civil ont très-bien pu décider que le serment déféré par l'un des créanciers solidaires ne pourrait pas nuire aux autres créanciers, sans qu'il soit pour cela nécessaire d'appliquer la même doctrine en ce qui touche l'autorité de la chose jugée. On comprend en effet que la loi n'ait pas voulu permettre à chacun des créanciers de compromettre la totalité de la créance en faisant emploi d'un moyen aussi dangereux que le serment, et M. Bigot Préameneu, dans son discours au corps législatif sur le deuxième alinéa de l'article 1365, eut bien soin de faire remarquer que si on enlevait ce droit à chaque créancier, c'était principalement pour prévenir les fraudes et les collusions nombreuses qui n'auraient pas manqué de se produire. Mais lorsque, au lieu de s'en remettre au serment du débiteur, c'est à la décision du juge que le créancier a fait appel, ces inconvénients ne sont plus à redouter, et le motif de l'article 1365 2° tombe complétement.

Du reste, si le créancier demandeur avait usé de fraude pour faire obtenir gain de cause au débiteur, il est bien certain que les autres créanciers ne seraient pas liés par le jugement, pas plus qu'en droit commun les créanciers ne sont liés par les actes frauduleux de leur débiteur. La règle générale posée dans l'article 1167 serait ici applicable; et, en leur qualité de copropriétaires de la créance et de créanciers de leur cocréancier demandeur, ils auraient pour attaquer ce jugement la voie de la tierce opposition.

SECTION DEUXIÈME.

DES EFFETS DE LA SOLIDARITÉ ACTIVE DANS LES RAPPORTS DES CRÉANCIERS ENTRE EUX.

Ainsi que nous l'avons vu dans la section précédente, d'après le droit romain, chaque créancier solidaire dans ses rapports avec le débiteur se trouvait créancier du total dans toute l'étendue du terme, absolument comme s'il eût été seul investi de la créance. Il avait le droit non-seulement de recevoir le payement, d'exercer des poursuites et de faire tous autres actes conservatoires comme dans notre droit français, mais encore d'anéantir la dette par acceptilation ou par novation. Ces pouvoirs accordés à chacun des créanciers, bien qu'exorbitants et évidemment contraires à l'intention présumée des parties contractantes, pouvaient cependant s'expliquer jusqu'à un certain point par la nature même de la solidarité; il y avait là un abus, mais un abus logique du principe que chaque créancier est créancier pour le tout. Aussi cette législation pouvait être considérée comme trop absolue et trop rigoureuse, mais non comme déraisonnable.

Nous n'en dirons pas autant de la doctrine romaine en ce qui concerne les rapports des créanciers solidaires entre eux; elle nous paraît bizarre et complétement impossible à justifier. Lorsque l'un d'eux avait reçu le payement, la règle que nous trouvons formulée d'une manière qui ne peut laisser aucun doute dans la loi 62, *in pr., Ad leg. Falc.* (1), c'est qu'il avait le droit de le garder en totalité à l'exclusion de ses cocréanciers. Pour que ces derniers pussent exercer un recours contre lui, il fallait qu'il y eût entre eux société, alors ils pouvaient agir par l'action *pro socio;* mais cette société ne se présumait pas, il fallait qu'elle eût été expressément stipulée; c'était à ceux qui l'invoquaient à

---

(1) V. L. 62, *in pr., Ad leg. Falc.* : In lege Falcidiâ hoc esse servandum Julianus ait ut, si duo rei promittendi fuerint, vel duo rei stipulandi, si quidem socii sint, in eâ re dividi inter eos debere obligationem, atque si singuli partem pecuniæ stipulati essent vel promisissent. Quod si societas inter eos nulla fuisset, in pendenti esse in utrius bonis computari oporteat id quod debetur, vel ex cujus bonis detrahi. »

administrer la preuve de son existence. Nous ne comprenons pas comment dans la pratique romaine, où la solidarité active paraît avoir été assez usitée, on avait pu s'habituer à cette situation de créancier solidaire *non socius*, situation équivoque et précaire, où le bénéfice de la créance se trouvait en quelque sorte offert comme prix de la course au premier occupant. Il est singulier qu'aucun fragment du Digeste ne témoigne de modifications apportées à ces principes par la jurisprudence prétorienne.

Tout autre était le système de l'ancien droit français, que les rédacteurs du Code civil n'ont fait que reproduire dans la fin de l'article 1197. Les rapports des créanciers solidaires entre eux sont régis par le principe que nous avons signalé plus haut, et qui nous a déjà servi à déterminer leurs rapports avec le débiteur : c'est-à-dire qu'ici encore la loi les présuppose associés ou mandataires réciproques les uns des autres. Aussi chacun d'eux est-il présumé avoir droit à une part dans la créance, et celui qui a reçu le payement est réputé ne l'avoir reçu que *partim suo, partim procuratorio nomine*, et tenu par conséquent en sa qualité de mandataire, de rendre compte à ses cocréanciers.

En principe et en l'absence de toute clause spéciale, chacun des créanciers solidaires est présumé avoir un intérêt égal dans la créance, et le bénéfice qui en résulte doit se répartir entre eux par parts et portions viriles. Il pourrait cependant arriver que cette répartition dût se faire par portions inégales ; mais alors ce serait à celui qui réclamerait une part supérieure à sa part virile à détruire la présomption de la loi, et à prouver l'inégalité d'intérêt de chacun des créanciers dans la créance solidaire.

L'hypothèse que l'article 1216 prévoit pour le cas de solidarité passive pourrait également se présenter en matière de solidarité active : c'est-à-dire que l'opération pourrait bien en réalité n'avoir été faite que dans l'intérêt d'un seul des créanciers solidaires. Il suffit pour cela de supposer qu'un seul créancier a fourni toute la somme prêtée. Dans ce cas, si le payement avait été effectué entre ses mains, il aurait le droit de le retenir en entier ; s'il avait été fait entre les mains d'un de ses cocréanciers, il aurait action contre lui pour se faire restituer, non pas une part virile, mais la totalité même de la somme payée, à la charge toutefois par lui de prouver son droit exclusif à la totalité de cette somme.

CHAPITRE DEUXIÈME.

De la solidarité entre les débiteurs.

Si la solidarité entre créanciers est très-rare, et cela se comprend, puisque les parties peuvent, comme nous l'avons démontré ci-dessus, obtenir, au moyen d'un mandat réciproque mais révocable, tous les avantages qui résulteraient pour elles de cette solidarité et en éviter les inconvénients, il n'en est pas de même de la solidarité entre les débiteurs. Cette modalité de l'obligation étant une de celles qui procurent le plus de sûretés au créancier, et ce dernier imposant d'ordinaire sa loi à ceux que la nécessité force à recourir à lui, la situation des codébiteurs solidaires devait tendre à devenir de plus en plus fréquente. C'est en effet ce qui est arrivé, et l'on peut dire que depuis longtemps déjà la clause de solidarité est devenue de style et figure dans la plupart des contrats où plusieurs personnes s'obligent conjointement. Cette matière offre donc un très-grand intérêt, non pas seulement au point de vue théorique, mais encore au point de vue pratique.

La définition que l'art. 1200 (1) donne de la solidarité passive serait inexacte si on la prenait dans toute sa généralité. Pour qu'il y ait solidarité entre plusieurs débiteurs, il ne suffit pas, comme pourrait le faire supposer cet article, qu'il y ait obligation pour chacun de payer le tout, et que le payement fait par un seul libère tous les autres; il faut de plus que cette obligation au tout, ce fait de la libération de tous par un seul payement tiennent au titre constitutif de la dette, et non à la nature même de la chose, comme cela a lieu dans les

---

(1) Art. 1200 : « Il y a solidarité de la part des débiteurs lorsqu'ils sont obligés à une même chose, de manière que chacun puisse être contraint pour la totalité et que le payement fait par un seul libère les autres envers le créancier...

obligations indivisibles; il faut que ce soit la convention des parties, et non l'impossibilité physique d'exécution partielle, qui amène ce résultat.

L'obligation solidaire doit être une et identique au point de vue de son objet : « *Una obligatio, una summa est* (1). » — « *Unam non diversam rem correi debent* (2). » Mais, sous d'autres rapports, elle peut présenter des caractères de diversité qui indiquent bien qu'au fond il n'y a pas là une seule obligation. C'est ainsi que les débiteurs solidaires peuvent être obligés différemment au payement de la chose qui fait l'objet de l'obligation: par exemple, l'un peut n'être obligé qu'à terme ou sous condition, tandis que l'autre l'est purement et simplement; l'un peut fournir au créancier des garanties accessoires, telles qu'une caution, une hypothèque, et l'autre n'en pas donner. L'article 1201 (3) ne fait à cet égard que reproduire la décision du § 2, aux Instit., *De duob. reis* : « *Ex duobus reis promittendi alius purè, alius in diem vel sub conditione obligari potest; nec impedimento erit dies aut conditio, quominùs ab eo qui purè obligatus est petatur.* »

En matière de solidarité passive, les principes du droit romain sont les mêmes que pour la solidarité active, c'est-à-dire que les codébiteurs solidaires ne sont pas présumés associés les uns des autres; si l'un d'eux a acquitté toute l'obligation, il n'a fait que payer sa dette, il n'aura aucun recours contre les autres, à moins qu'un contrat spécial ne lui ait donné le droit d'agir par l'action *pro socio* ou par l'action *mandati.* Chez nous, au contraire, ce sont les idées de société, de mandat ou de cautionnement réciproque qui dominent toute cette matière, et qu'il faut avoir constamment présentes à l'esprit pour saisir les relations compliquées et difficiles qui peuvent résulter de la solidarité passive. Toute clause de solidarité entre débiteurs emporte implicitement pour nous l'association de ces débiteurs et l'existence d'un mandat qu'ils se sont récipro-

---

(1) V. L. 3, § 1, *De duob. reis.*
(2) V. L. 9, § 2, *De duob. reis.*
(3) V. art. 1201 : « L'obligation peut être solidaire, quoique l'un des débiteurs soit obligé différemment de l'autre au payement de la même chose; par exemple, si l'un n'est obligé que conditionnellement, tandis que l'engagement de l'autre est pur et simple, ou si l'un a pris un terme qui n'est point accordé à l'autre. »

quement donné à l'effet d'éteindre l'obligation où même de la perpétuer, mais non à l'effet d'en aggraver les conséquences.

Nous examinerons successivement dans trois sections différentes :

1° Comment s'établit la solidarité entre les débiteurs;

2° Quels sont ses effets dans les rapports du créancier avec les débiteurs et réciproquement;

3° Quels sont ses effets dans les rapports des codébiteurs solidaires entre eux.

SECTION PREMIÈRE.

COMMENT S'ÉTABLIT LA SOLIDARITÉ ENTRE LES DÉBITEURS.

L'article 1202, qui répond à cette question, contient les trois principes suivants:

1° *La solidarité ne se présume point.* — En effet, cette modalité de la dette tendant à rendre la situation des débiteurs plus onéreuse et à aggraver la responsabilité de chacun d'eux, c'est au créancier à prouver qu'elle existe. Dans le doute, la convention s'interprète en faveur de ceux qui sont obligés et conformément au droit commun, qui est la division de l'obligation en autant de parts et portions viriles qu'il y a de codébiteurs. C'est ce que décidait déjà la loi romaine; voici à cet égard comment s'exprimait Papinien dans le fragment 11, § 2, *De duob. reis :* « *Cùm ita cautum inveniretur :* Tot aureos recte dari stipulatus est Julius Carpus, spopondimus ego Antoninus Achillæus et Cornelius Divus; *partes viriles deberi, quia non fuerat adjectum singulos in solidum spopondisse ita ut duo rei promittendi fierent.* »

2° *Il faut qu'elle soit expressément stipulée.* — La clause de solidarité peut d'ailleurs se produire soit dans des actes entre vifs, soit dans des actes de dernière volonté.

En droit romain, le mode le plus fréquent de constituer la solidarité par actes entre vifs, c'était la stipulation. Celui qui voulait devenir créancier interrogeait successivement ses futurs débiteurs : *Mœvi quinque aureos dare spondes? Sei,* EOSDEM *quinque aureos dare spondes?* puis tous deux répondaient : *Spondeo* (1).

---

(1) V. *Instit.*, tit. *De duob. reis, pr., in fine.*

Mais il n'aurait pas fallu entremêler les demandes et les réponses, car alors il y aurait eu plusieurs contrats distincts n'ayant entre eux d'autre analogie qu'une parité d'objets, mais tout à fait indépendants l'un de l'autre.

La solidarité pouvait également, ainsi que cela résulte de la loi 9 (1), *in pr.*, *De duob. reis*, résulter d'autres contrats. Mais, pour qu'il en fût ainsi, il fallait que la volonté des parties se fût exprimée à ce sujet par un pacte ajouté *in continenti* au contrat. Toutefois, nous ferons remarquer que dans la loi 9 il n'est fait mention que de contrats de bonne foi; ce qui pourrait laisser à penser que le pacte ajouté *in continenti* à un contrat de droit strict, tel que le *mutuum*, n'aurait pas produit le même résultat. Nous croyons en effet qu'à l'époque de Gaïus et des autres jurisconsultes un pacte ajouté *in continenti* à un contrat *stricti juris* était insuffisant pour donner au créancier une action *in solidum* contre chacun des débiteurs, et que même du temps de Justinien il n'y avait pas sous ce rapport assimilation complète des contrats de droit strict aux contrats de bonne foi. Nous renvoyons, du reste, à cet égard aux développements par nous donnés plus haut sur les pactes ajoutés.

Dans l'ancien droit français, toutes ces distinctions avaient disparu, et Pothier, au numéro 265 de son *Traité des obligations*, faisant sans doute allusion aux subtilités de la pratique romaine, s'exprime ainsi : « La solidarité peut être stipulée dans tous les contrats, *de quelque espèce qu'ils soient*. »

Notre Code doit, par son silence même, être considéré comme ayant voulu maintenir la décision de Pothier. Les parties sont donc libres de stipuler la solidarité à leur gré et toutes les fois que bon leur semble. Il n'est pas besoin à cet effet de faire emploi de termes sacramentels; tout ce que la loi exige, c'est qu'il ne puisse y avoir aucun doute sur l'intention des contractants. Du moment où ils se sont expliqués avec clarté, quelles que soient les expressions dont ils se sont servis, la solidarité existe.

Les débiteurs solidaires peuvent également être constitués au moyen d'une clause expresse insérée dans un acte de dernière volonté. Ainsi, rien n'empê-

---

(1) L. 9, *in pr.*, *De duob. r eis* : « *Eamdem rem apud duos pariter deposui*, utriusque fidem in solidum secutus; *vel eamdem rem duobus* similiter *commodavi; fiunt duo rei promittendi, quia non tantùm verbis stipulationis, sed et cæteris contractibus, veluti emptione venditione, locatione conductione, deposito, commodato, etc..., fiunt.* »

cherait un testateur de déclarer que deux personnes qu'il institue ses légataires universels séront solidairement tenues de payer une certaine somme à un tiers. Cela était également permis dans notre ancien droit et dans le droit romain ; mais nous pensons avec Dumoulin qu'en ce qui touche les cas de solidarité testamentaire, ce n'est qu'avec une très-grande réserve qu'on doit invoquer les textes du Digeste et en tirer argument pour le droit français. En effet, les idées romaines sur la solidarité ne paraissent pas avoir été en parfaite harmonie avec celles de nos anciens auteurs qui ont inspiré les rédacteurs du Code civil ; et, d'ailleurs, il ne faut pas ici perdre de vue que le droit romain distinguait en quelque sorte deux espèces de solidarité produisant des effets divers suivant qu'il y avait ou non société entre les débiteurs et qu'il pouvait, par conséquent, considérer comme solidaires des obligations qui, au point de vue du droit français n'ont nullement ce caractère. Dans la loi 8, § 1, *De legat.*, 1°, par exemple, le jurisconsulte Pomponius, en présence d'une clause testamentaire ainsi conçue : « *Lucius Titius hæres meus;* AUT *Mœvius hæres meus decem Seio dato,* » semble déclarer qu'il y a solidarité ; or, en présence du texte formel de l'article 1202, il nous paraît impossible de voir dans cette espèce une obligation solidaire ; d'abord parce que la stipulation expresse exigée par la loi manque, ensuite parce que l'intention du testateur en s'exprimant ainsi doit bien plutôt avoir été que la charge du legs pesât tout entière sur celui des deux institués auquel il plairait au légataire de s'adresser.

3° *La solidarité, quoique non expressément stipulée, peut, dans certains cas, avoir lieu de plein droit, en vertu d'une disposition de la loi.* Nous trouvons, en effet, dans les articles 395, 396, 1033, 1442, 1734, 1887, 2002 du Code civil, 22, 118 et 187 du Code de commerce, 55 du Code pénal, certaines catégories de débiteurs que le législateur a cru devoir lui-même déclarer solidairement tenus et qui doivent maintenant arrêter notre attention.

Toutefois, avant d'entrer dans l'examen détaillé des divers cas de solidarité légale, une observation importante nous paraît devoir être faite. Parmi les personnes que la loi déclare solidairement obligées, il en est entre lesquelles il existe une espèce de communauté d'intérêts et que l'on peut facilement considérer comme associées entre elles. D'autres, au contraire, bien que réunies dans une même obligation, sont cependant étrangères les unes aux autres, quelques-unes même peuvent ne pas se connaître. Faudra-t-il, sans tenir aucun compte de ces circonstances, voir indistinctement dans toutes ces personnes de véritables débiteurs solidaires auxquels doivent être appliqués tous les effets exorbitants de la solidarité passive? Nous ne le pensons pas; nous croyons que ce serait interpréter d'une manière trop stricte le mot « *solidairement,* » dont la loi a bien pu se servir quelquefois improprement pour signifier que chacun des débiteurs serait tenu de la totalité de la dette (*in solidum*), sans qu'elle ait voulu pour cela les rendre passibles de toutes les autres conséquences rigoureuses de la solidarité. En effet, ce qui caractérise, selon nous, la véritable obligation solidaire, c'est l'association entre les personnes, association soit expresse, soit présumée. Toute la section de la solidarité au Code civil présuppose évidemment l'existence de cette association entre les divers codébiteurs, c'est là, en quelque sorte, une condition essentielle et indispensable pour qu'il y ait solidarité parfaite. Ce serait donc mettre le législateur en contradiction avec lui-même que de décider qu'il a pu admettre une vraie solidarité dans des cas où il a déclaré implicitement, par l'ensemble des dispositions édictées dans les articles 1200 et suivants, qu'elle ne pouvait pas exister. Aussi préférons-nous dire que dans les cas où il y a *impossibilité absolue* de sous-entendre une espèce de société entre les débiteurs et où cependant la loi déclare qu'ils seront solidairement tenus, elle entend seulement par là créer contre chacun d'eux une obligation au tout, mais non leur appliquer les décisions des articles 1205, 1206 et 1207. Cette distinction, que l'esprit de la loi commande et qui peut également se justifier par son texte, n'est d'ailleurs qu'une application du principe posé dans l'article 1162 en vertu duquel tout doute doit s'interpréter en faveur de ceux qui sont obligés.

En prenant ainsi pour critérium la possibilité ou l'impossibilité de sous-entendre entre les divers cobligés une sorte d'association ou de mandat réciproque, nous déciderons qu'il n'y a solidarité légale *parfaite* que dans les cas suivants :

1° *Entre comandants* (1). — Ceux qui ont donné mandat pour une affaire

---

(1) V. art. 2002 : « Lorsque le mandataire a été constitué par plusieurs personnes pour une affaire commune, chacune d'elles est tenue solidairement envers lui de tous les effets du mandat. »

commune sont tenus solidairement envers le mandataire de tous les effets de ce mandat. Ce dernier peut exercer contre chacun de ses mandants un recours pour le remboursement de la totalité de ses frais et déboursés. Cette disposition de l'article 2002 s'explique par la situation bien digne de faveur dans laquelle se trouve le mandataire. C'est pour rendre service qu'il s'est obligé, qu'il a peut-être fait des avances considérables ; il ne faut donc pas que l'insolvabilité d'un de ses mandants puisse lui préjudicier (*Nemini officium suum debet esse damnosum*) ; il est donc juste que la loi protége sa créance par tous les effets attachés à la solidarité.

Les notaires, chargés par plusieurs personnes de dresser un acte, sont considérés comme des mandataires. En conséquence, ils peuvent invoquer l'article 2002 et exercer un recours solidaire contre chacun de ceux qui leur auraient donné mission de confectionner cet acte, à l'effet d'obtenir le remboursement intégral de leurs frais, honoraires et déboursés.

La doctrine de l'article 2002 devrait également recevoir son application dans le cas où plusieurs personnes ayant en commun déposé un certain objet, le dépositaire aurait été contraint, pour la conservation de cet objet, de faire des dépenses extraordinaires. Il pourrait agir solidairement contre chacun des déposants et se prévaloir de tous les effets de la solidarité. En effet, le dépôt contient, au moins implicitement, un mandat de conserver la chose déposée, et doit par conséquent entraîner ici les mêmes conséquences que le mandat.

Celui qui, sans mandat, aurait géré l'affaire de plusieurs personnes pourrait-il contre chacune d'elles invoquer le bénéfice de l'article 2002? Nous ne le pensons pas. L'article 1372 nous dit bien que le gérant d'affaires se soumet à toutes les obligations qui résulteraient d'un mandat exprès; mais nous ne trouvons dans le Code aucune disposition qui assimile ceux dont l'affaire a été gérée à des comandants. Nous ne pouvons donc pas dire qu'ils soient tenus solidairement; ce serait ajouter à la loi, et le texte de l'article 1202 s'y oppose.

De ce que la solidarité existe contre plusieurs mandants il ne faudrait pas, par voie de réciprocité, en conclure qu'elle existe également contre plusieurs personnes qui se seraient chargées en commun d'accomplir un mandat. Le mandant ne pourrait pas, dans ce cas, retourner contre eux la disposition de l'article 2002, qui n'a été introduite qu'en leur faveur, et, d'ailleurs, l'article 1995 déclare expressément que la solidarité ne peut être invoquée contre eux que lorsqu'elle a été stipulée. Ces comandataires ont rendu un service au mandant, il ne faut pas user de rigueur à leur égard. Il est bien vrai que chacun des mandataires doit rendre compte à son mandant de toute l'opération dont il s'était chargé, mais ce n'est là qu'une conséquence de l'indivisibilité de l'opération et non de la solidarité; aussi, s'il y avait lieu à prononcer des dommages-intérêts pour inaccomplissement du mandat, ces dommages-intérêts ne pourraient être prononcés contre chacun d'eux que pour sa part.

2° *Entre cocommodataires* (1). — Lorsque plusieurs personnes ont reçu une chose en commodat, elles sont solidairement tenues vis-à-vis du prêteur. Le commodat n'étant qu'un contrat de bienfaisance tout dans l'interêt des emprunteurs, la position de celui qui a prêté se trouve très-favorable aux yeux de la loi, qui oblige chacun des débiteurs à répondre pour le tout de la chose dont l'usage lui a été concédé.

3° *Entre coassociés, mais seulement lorsqu'il s'agit d'une société de commerce* (2). Les sociétés commerciales sont de quatre espèces : 1° sociétés en nom collectif, 2° sociétés en commandite, 3° sociétés anonymes, 4° sociétés en participation. En ce qui touche la solidarité, le législateur n'avait pas à s'occuper des sociétés anonymes, véritables sociétés de capitaux où chaque associé ne peut être tenu au delà de la somme qu'il a versée; il ne pouvait pas non plus la prononcer contre tous les associés qui, dans les sociétés en commandite, ne sont considérés que comme de simples bailleurs de fonds, c'est-à-dire contre les associés commanditaires. Aussi, ce n'est qu'à l'égard des associés en nom collectif et de ceux qui, dans les sociétés en commandite, sont assimilés aux associés en nom collectif que le Code de commerce établit la solidarité. Celui qui contracte avec ces associés est ainsi réputé avoir suivi pour le tout la foi de chacun d'eux. Cette garantie donnée aux créanciers est d'ailleurs un puissant

---

(1) V. art. 1887 : « Si plusieurs ont conjointement emprunté la même chose, ils en sont solidairement responsables envers le prêteur. »

(2) V. art. 22 C. *de commerce* : « Les associés en nom collectif indiqués dans l'acte de société sont solidaires pour tous les engagements de la Société, encore qu'un seul des associés ait signé, pourvu que ce soit sous la raison sociale. »

V. également l'art. 24.

moyen d'encourager les sociétés de commerce et de leur donner un grand crédit. Elle existait déjà dans l'ancien droit, ainsi que l'atteste Pothier dans son n° 266 du *Traité des obligations*.

Quant aux sociétés en participation, les articles 47 et 48 qui s'en occupent sont complétement muets en ce qui touche la solidarité. Nous pensons donc, nonobstant la pratique de l'ancien droit (1), l'argument *à contrario* que l'on pourrait tirer de l'article 1862 du Code civil et l'analogie des associés en nom collectif avec les associés en participation, que ces derniers ne doivent pas être tenus solidairement, en présence des termes absolus de l'article 1202.

Les articles 22 et 24 du Code de commerce constituent une notable différence entre les sociétés commerciales et les sociétés civiles, où chacun des associés n'est tenu que pour sa part virile lorsqu'il a été partie au contrat et seulement jusqu'à concurrence de l'intérêt qu'il avait dans la société, lorsqu'il n'a pas figuré à l'acte.

4° *Entre la mère tutrice et le second mari* (2). — Lorsqu'une mère qui a la tutelle de ses enfants veut se remarier, elle doit au préalable convoquer le conseil de famille à l'effet de délibérer s'il est opportun et conforme aux intérêts des mineurs que la tutelle lui soit conservée. Si elle remplit cette formalité et qu'elle soit maintenue dans la tutelle, elle se trouve nécessairement avoir pour cotuteur son second mari; si, au contraire, elle omet de s'y conformer, elle perd de plein droit la tutelle; mais, comme il est possible qu'en fait elle soit restée tutrice pendant quelque temps, la loi déclare que son nouveau mari sera également considéré comme un tuteur de fait, et, dans le premier comme dans le second cas, elle décide qu'ils seront tous deux solidairement tenus vis-à-vis des mineurs. Cette rigueur s'explique par la situation tout exceptionnelle de ceux qui sont en tutelle; incapables par eux-mêmes de prendre aucune mesure qui puisse sauvegarder leurs propres intérêts contre la cupidité ou la convoitise

---

(1) Voici, en effet, comment s'exprime Pothier à la fin du n° 266 de son *Traité des obligations* : « Deux marchands qui achètent ensemble une partie de marchandises, quoiqu'ils n'aient d'ailleurs aucune société entre eux, sont censés associés pour cet achat, et comme tels ils sont obligés solidairement, quoique la solidarité ne soit pas exprimée. Bornier rapporte un arrêt du parlement de Toulouse qui l'a ainsi jugé, *et cela a passé en maxime.* »

(2) V. art. 395 et 396 *C. civ.*

possible du mari de leur mère, lequel leur est complétement étranger, ils ont besoin d'aide et de protection, et le législateur lui-même vient ici à leur secours en leur accordant la garantie d'un recours solidaire. Telle était d'ailleurs la pratique du droit romain et de l'ancien droit, ainsi que l'atteste Pothier au n° 267 de son *Traité des obligations.*

Cette décision des articles 395 et 396 paraît avoir servi de base à un système qui a eu l'honneur d'être admis par la Cour de cassation et qui consisterait à voir dans ces deux articles le germe d'une règle parallèle à celle de l'article 1202 1° et devant s'appliquer conjointement avec cette dernière. En effet, a-t-on dit, lorsque la loi déclare que la solidarité ne se présume pas et qu'elle doit être expressément stipulée, c'est qu'elle suppose que les parties ont eu la possibilité de s'expliquer, soit par contrat, soit par testament; on comprend aisément que la clause de solidarité qui tend à aggraver la position des débiteurs ne puisse pas être sous-entendue dans tous les cas où il était possible aux parties de convenir formellement que la dette serait solidaire, et où cependant elles ne l'ont pas fait. Mais lorsqu'il a été de toute impossibilité pour les parties de s'expliquer sur la question de la solidarité, c'est-à-dire lorsqu'il s'agit d'obligations résultant, non d'un contrat ou d'une disposition testamentaire, mais de la loi elle-même ou d'un jugement, n'y aurait-il pas iniquité à appliquer l'article 1202 1° et à punir en quelque sorte le créancier d'une omission qu'il n'était pas en son pouvoir d'éviter? N'est-il pas plus juste, dans tous les cas où cette stipulation de solidarité était impossible, de laisser à la doctrine le soin d'examiner s'il y a lieu ou non de la sous-entendre en s'inspirant du motif qui a dicté les articles 395 et 396, c'est-à-dire en recherchant par voie de présomption si le créancier aurait stipulé la solidarité, en supposant que cela lui fût possible? Dans ce système, qui tend, comme on le voit, à donner au juge le pouvoir de prononcer à son gré la solidarité dans tous les cas où il est à présumer que les parties l'auraient stipulée si l'obligation eût été conventionnelle, on invoque l'ancienne jurisprudence. Voici, en effet, comment s'exprime Pothier dans son n° 267 : « Le second cas auquel plusieurs débiteurs d'une même chose sont obligés solidairement, quoique la solidarité n'ait point été exprimée, est celui de l'obligation que contractent plusieurs tuteurs qui se chargent d'une même tutelle, *ou de celles que contractent plusieurs personnes qui se chargent de quelque admi-*

nistration publique, etc. » On élargit ainsi et l'on complète par ces derniers mots la doctrine des articles 395 et 396. C'est à l'aide de ce raisonnement que l'on est arrivé dans la pratique à décider que les administrateurs judiciaires, curateurs à succession vacante, syndics d'une faillite, devaient être tenus solidairement.

Quelque ingénieux et séduisant que puisse paraître ce système au premier abord, nous pensons qu'il doit être repoussé. En effet, l'article 1202, en nous disant que la solidarité doit être expressément stipulée, a lui-même pris soin d'indiquer que dans certains cas cette stipulation serait inutile, parce que la loi l'admettrait de droit. Or, l'énumération limitative des cas de solidarité légale que nous trouvons dans divers articles prouve bien que l'intention des rédacteurs du Code a été dans cette matière de ne rien laisser à l'arbitraire du juge. La solidarité doit être expressément stipulée ; à défaut de cette stipulation (quelle que soit d'ailleurs la cause pour laquelle elle n'a pas été faite), la solidarité ne peut résulter que d'une déclaration expresse de la loi ; voilà, selon nous, comment il faut entendre l'article 1202. N'oublions pas d'ailleurs que les clauses portant aggravation dans la situation des débiteurs sont des clauses de droit strict, qui ne peuvent pas se suppléer par voie d'analogie. Les articles 395 et 396 n'ont reproduit la doctrine de Pothier que pour les cotuteurs ; aucune autre disposition spéciale dans nos codes ne déclare que les administrateurs judiciaires seront solidairement tenus : donc, en ce qui concerne ces derniers, nous devons rester sous l'empire du droit commun, qui est la division de l'obligation par parts et portions viriles (*qui dicit de uno, negat de altero*).

5° *Entre le tuteur et le subrogé tuteur* (1), pour défaut de confection d'inventaire. Lorsque la communauté vient à se dissoudre par la mort naturelle ou civile de l'un des époux, le conjoint survivant doit dans un certain délai faire procéder à l'inventaire des biens et valeurs compris dans la communauté. S'il néglige de remplir cette formalité et qu'il y ait des enfants mineurs la loi le punit en lui faisant perdre l'usufruit des biens de ses enfants, et de plus le subrogé tuteur qui ne l'a point obligé à faire inventaire est solidairement

____

(1) V. art. 1442 2°.

tenu avec lui de toutes les condamnations qui peuvent être prononcées au profit des mineurs. Il y a là une faute, une négligence commune dont chacun est tenu de subir les conséquences pour le tout.

6° *Entre les exécuteurs testamentaires* (1). Du moment où le testateur n'a pas pris soin de diviser lui-même les fonctions de chacun de ceux à qui il confiait l'exécution de ses dernières volontés, c'est qu'il a entendu que chacun d'eux fût obligé à la gestion du tout; et du moment où il y a eu acceptation faite par tous de la mission qui leur était confiée, on peut dire qu'ils sont réciproquement mandataires et responsables les uns des autres. Il y a entre eux une espèce de société pour l'exécution d'une obligation commune, on comprend donc encore ici que la loi ait pu protéger le créancier contre la mauvaise gestion de l'un d'eux, en lui accordant tous les avantages qui résultent de la solidarité parfaite.

7° Enfin nous pensons qu'il y aurait également solidarité parfaite entre *tous les individus condamnés pour un même crime ou pour un même délit* (2). Il est bien vrai qu'il n'y a pas eu entre eux d'association permanente; ils n'ont entendu se réunir que pour l'exécution même de l'acte illicite, et une fois cet acte commis, tout rapport a peut-être cessé entre eux; mais on comprend ici que le législateur ait pu user d'une juste sévérité. Ce sont des malfaiteurs qui se sont associés pour commettre un crime, il est juste que pour la réparation de ce crime on fasse tomber à la charge de chacun d'eux toutes les graves conséquences de la solidarité. L'article 637 2° du Code d'instruction criminelle nous paraît d'ailleurs contenir la preuve que l'intention du législateur a bien été de prononcer contre eux une vraie solidarité et non pas seulement une obligation *in solidum*. La jurisprudence y voit également un cas de solidarité parfaite.

L'application de l'article 55 du Code pénal doit du reste être restreinte aux cas formellement prévus par cet article, c'est-à-dire aux obligations résultant soit d'un crime, soit d'un délit. En ce qui concerne les individus condamnés

---

(1) V. art. 1033.

(2) V. art. 55 *C. pénal* : « Tous les individus condamnés pour un même crime ou pour un même délit seront tenus solidairement des amendes, des restitutions, des dommages-intérêts et des frais. » V. Poth., n° 268.

pour une même contravention, nous ne trouvons aucune disposition législative analogue; il faut donc décider que les articles 1205, 1206 et 1207 ne leur seraient pas applicables. Toutefois, en ce qui concerne *les frais* seulement, l'article 156 du décret du 18 juin 1811 semble bien les mettre sur la même ligne que les auteurs d'un délit ou d'un crime, car il décide sans aucune distinction que « la condamnation aux frais sera prononcée, *dans toutes les procédures*, solidairement contre tous les auteurs et complices du même fait. »

En ce qui concerne les obligations résultant d'un délit ou d'un quasi-délit civil, chacun des auteurs de l'acte illicite étant en faute pour le tout, il faut décider qu'il y a obligation *in solidum;* mais les deux articles qui se trouvaient dans le projet de Code civil et qui prononçaient la solidarité contre ceux *qui effuderunt vel dejecerunt* ayant été retranchés lors de sa rédaction définitive, nous restons en présence de l'article 1202, qui ne nous permet pas de suppléer à la loi.

Dans les deux cas suivants, au contraire, toute espèce d'association ou de mandat réciproque étant impossible à sous-entendre entre les divers coobligés, nous pensons que la loi, en se servant du mot « *solidairement*, » a simplement entendu édicter contre eux une obligation *in solidum :*

1° *Entre les divers locataires* (1), au cas d'incendie de la maison louée. Chacun des locataires en contractant avec le propriétaire est ici présumé par la loi s'être obligé non pas seulement à lui restituer en bon état les lieux qu'il a pris à bail, mais encore à veiller à la conservation de la chose et à lui payer la valeur de la maison tout entière au cas où elle viendrait à brûler. Lors donc qu'un incendie a eu lieu, le propriétaire peut vis-à-vis de chaque locataire réclamer l'exécution de cette obligation *in solidum ;* non qu'il y ait ici une véritable obligation solidaire, mais parce que le contrat particulier intervenu entre chacun de ces locataires et le propriétaire entraîne pour tous l'obligation de réparer le dommage causé et que, jusqu'à preuve contraire, chacun est ré-

---

(1) V. art. 1734 : « S'il y a plusieurs locataires, tous sont solidairement responsables de l'incendie, à moins qu'ils ne prouvent que l'incendie a commencé dans l'habitation de l'un d'eux, auquel cas celui-là seul en est tenu, ou que quelques-uns ne prouvent que l'incendie n'a pu commencer chez eux, auquel cas ceux-là n'en sont pas tenus. »

puté être en faute *in solidum*. Cette responsabilité pour le tout de la part de chacun des locataires est sous-entendue par le législateur dans tout contrat de bail et constitue ainsi pour tous une obligation analogue mais distincte, *quæ tacitè cujusque contractui inest*. Mais ces locataires ne se connaissent pas, rien ne peut faire présumer qu'ils ont entendu s'associer, il est donc impossible de dire qu'il y a entre eux solidarité parfaite. Les articles 1205, 1206 et 1207 ne doivent donc pas leur être appliqués.

2° *Entre les divers signataires d'effets transmissibles par la voie de l'endossement* (1). — L'article 118 du Code de commerce décide que le tireur et les endosseurs d'une lettre de change sont garants solidaires de l'acceptation et du payement à l'échéance; l'article 187 contient la même doctrine en ce qui concerne le billet à ordre. Mais ici encore, bien que chacun puisse être tenu et poursuivi pour le tout, il n'y a pas solidarité parfaite. Chaque endosseur s'est bien obligé envers le porteur pour le tout, et voilà pourquoi ce dernier peut à son choix agir *in solidum* contre tel endosseur que bon lui semble; mais entre ces signataires il n'existe aucun rapport, aucune association, ils sont inconnus l'un à l'autre, il n'y a donc entre eux rien de ce qui est indispensable pour constituer de véritables débiteurs solidaires.

SECTION DEUXIÈME.

DES EFFETS DE LA SOLIDARITÉ PASSIVE DANS LES RAPPORTS DU CRÉANCIER AVEC LES DÉBITEURS, ET RÉCIPROQUEMENT.

§ Ier.

Des droits que la solidarité confère au créancier.

La solidarité entre les débiteurs entraîne au profit du créancier une triple dérogation au droit commun. Les articles 1203, 1205 et 1206 constituent en sa faveur les trois prérogatives suivantes :

1° Il a le droit de contraindre chacun des débiteurs *au payement de la totalité*

---

(1) V. art. 118, 142 2°, 187 *C. de commerce.*

de la dette (1), et peut s'adresser, à cet effet, à celui d'entre eux qu'il veut choisir.

Celui des débiteurs qui est poursuivi par le créancier ne serait pas reçu à demander la division de la dette entre ses codébiteurs solvables ; il est tenu du tout dans toute l'étendue du terme (*debet totum et totaliter*). Sous ce rapport, sa position est beaucoup plus mauvaise que celle de la caution, qui, lorsqu'elle est poursuivie, a le droit de demander la division de la dette entre tous ses cofidéjusseurs, *dummodo solvendo sint* (2).

Le bénéfice de division n'existait pas non plus au profit des codébiteurs solidaires dans le droit romain antérieur à Justinien. Il avait été introduit par un rescript de l'empereur Adrien, mais seulement en faveur des cautions. Justinien, par sa Novelle 99, le rendit commun aux codébiteurs solidaires. Mais cette Novelle n'avait point été admise dans l'ancien droit français, ainsi que l'atteste Pothier dans son n° 270 ; seulement, pour lever à cet égard toute espèce de doute, on avait soin d'ordinaire d'insérer dans les actes une clause portant renonciation de la part de chacun des débiteurs au bénéfice de division. Les rédacteurs du Code, dans la fin de l'article 1203, ont reproduit la doctrine de l'ancien droit romain, et, s'ils ont eu soin de s'en expliquer formellement, c'est sans doute pour maintenir l'abrogation déjà consacrée en fait de la Novelle 99.

Mais, à défaut du bénéfice de division, le débiteur assigné peut invoquer l'exception de garantie afin de mettre en cause ses codébiteurs et de faire statuer par un seul et même jugement sur la demande principale et sur la demande récursoire. Remarquons seulement que l'appel en garantie n'a pas ici pour effet, comme en matière d'obligations indivisibles (3), de faire diviser la dette ; le débiteur poursuivi par le créancier sera toujours condamné au tout vis-à-vis de ce dernier, seulement ses codébiteurs seront en même temps condamnés à l'indemniser chacun pour sa part et portion.

Les poursuites exercées contre l'un des débiteurs solidaires n'enlèvent pas au créancier le droit d'en exercer contre les autres. L'article 1204, qui consacre ce

---

(1) V. art. 1203 et 1200, *in pr.*
(2) V. art. 2025 et 2026.
(3) V. art. 1225.

principe évident par lui-même, n'aurait probablement pas été inséré dans le Code, si le législateur n'avait eu en vue d'abroger l'ancienne théorie romaine d'après laquelle la *litiscontestatio* novait la dette et libérait tous les autres débiteurs. Ce système avait déjà été supprimé par Justinien dans la loi 28 au Code, *De fidej.*, laquelle était suivie dans l'ancienne jurisprucence française et a également passé dans notre législation moderne.

2° Lorsque la chose qui fait l'objet de l'obligation solidaire est un corps certain, et que cette chose vient à périr par le fait ou la faute de l un des débiteurs ou après sa mise en demeure, le créancier n'en conserve pas moins le droit d'agir contre tous les autres codébiteurs, jusqu'à concurrence de la valeur de la chose. Le fait, la faute ou la mise en demeure de l'un des débiteurs solidaires exerce ainsi, par rapport à ses codébiteurs, une certaine influence.

En droit commun, lorsqu'il n'y a point solidarité, si la chose due vient à périr sans le fait ou la faute du débiteur et sans qu'il soit en demeure, cette perte libère le débiteur (*interitu rei debitor liberatur*); il semblerait donc, lorsque la dette est solidaire, que tous les codébiteurs non coupables doivent également ment être libérés, par application de l'article 1302. Cependant il n'en est pas ainsi. L'article 1205 contient une notable dérogation à la règle générale, en rendant jusqu'à un certain point chaque débiteur responsable de la faute de son codébiteur. La théorie des rédacteurs du Code en cette matière n'est que la reproduction exacte du système de Dumoulin et de Pothier (1). Les débiteurs solidaires sont présumés avoir voulu être responsables les uns des autres pour tous les actes qui ne tendraient qu'à conserver et perpétuer l'obligation; en conséquence, la perte occasionnée par le fait ou la faute de l'un d'eux ne libère pas les autres, ils restent toujours obligés jusqu'à concurrence de la valeur de la chose. Au contraire, pour tous les actes qui tendraient à augmenter l'obligation, la loi ne présume pas qu'ils aient eu l'intention de répondre les uns des autres; en conséquence, les dommages-intérêts résultant de la faute ou du fait de l'un des débiteurs ne peuvent peser que sur celui-là seul, et non sur ses codébiteurs.

Cette théorie, dont Dumoulin est l'auteur, avait été imaginée par lui pour

(1) V. Poth., n° 273, *Traité des obligat.*

concilier deux lois romaines : 1° la loi 18, *De duob. reis*, où il est dit que, « *Alterius factum alteri quoque nocet ;* » et 2° la loi 32, § 4, *De usuris*, où le jurisconsulte Marcien s'exprime ainsi : « *Si duo rei promittendi sint, alterius mora alteri non nocet.* » Dumoulin faisait ainsi une part à chacune de ces lois : si le fait de l'un des débiteurs tendait *ad perpetuandam et conservandam obligationem*, il appliquait la doctrine de la loi 18 ; si au contraire il tendait *ad augendam obligationem*, c'était alors le cas d'invoquer la loi 32, § 4. Mais cette conciliation nous paraît bien difficile à admettre en présence des deux textes si laconiques qui précèdent ; nous aimons mieux croire qu'il y avait antinomie ; à moins de dire, comme l'ont fait certains auteurs, que la mise en demeure (*mora*), dont il est question dans la loi 32, ne doit pas être assimilée au simple fait (*factum*) prévu par la loi 18. Lorsque la chose vient à périr après la mise en demeure de l'un des débiteurs, on conçoit que Marcien ait pu prétendre que les codébiteurs devaient être libérés, car il y a, jusqu'à un certain point, faute de la part du créancier de ne pas les avoir tous mis en demeure ; tandis que lorsque la perte résulte de la faute ou du fait de l'un des obligés, il n'y a aucune négligence imputable au créancier, ce n'est pas à lui à supporter les conséquences d'un fait qu'il n'a pu empêcher.

Il se pourrait que la chose eût péri par la faute de l'un des héritiers d'un débiteur solidaire décédé ; quels seraient dans ce cas les effets de la perte par rapport aux débiteurs survivants et aux cohéritiers de celui qui est en faute? A l'égard des débiteurs survivants l'obligation subsisterait, conformément au principe posé dans l'article 1205 ; mais seulement chacun d'eux ne serait plus tenu que d'une partie de la valeur de la chose égale à la part héréditaire du cohéritier qui est en faute. Si, par exemple, nous supposons quatre héritiers ayant succédé par portions égales au défunt, comme par suite du principe de la division des dettes entre les héritiers, chacun d'eux ne se trouverait plus tenu que d'un quart dans l'obligation solidaire, la perte survenue par la faute d'un seul d'entre eux ne pourrait nuire à chacun des débiteurs survivants que jusqu'à concurrence d'un quart dans la valeur de la chose. Quant aux cohéritiers, ils seraient totalement libérés ; la solidarité étant une qualité toute personnelle *quæ non transit ad heredes*, ce ne serait pas 1205, mais bien 1302 qu'il faudrait leur appliquer.

Le principe posé par l'article 1205, en vertu duquel les dommages-intérêts à raison du préjudice causé ne sont dus que par celui ou ceux des débiteurs qui étaient en faute ou en demeure, devrait-il également recevoir son application si ces dommages et intérêts avaient été convenus à l'avance, c'est-à-dire s'il y avait eu une clause pénale stipulée par les parties dans l'hypothèse où l'obligation ne serait pas exécutée par suite de la faute ou de la mise en demeure de l'un des débiteurs?

La clause pénale n'étant en réalité qu'une appréciation faite par avance des dommages-intérêts (*ne quantitas stipulationis in incerto sit*), il semble au premier abord qu'elle ne devrait en rien modifier les principes généraux en matière de dommages-intérêts, et que, par conséquent, celui-là seul doit être passible de la clause pénale qui était en faute ou en demeure, conformément aux articles 1147 et 1205. Telle n'est cependant pas la décision de Pothier ni celle de Dumoulin; ces deux auteurs considèrent ici la clause pénale comme une obligation conditionnelle à laquelle tous les débiteurs solidaires ont entendu se soumettre pour le cas où l'exécution de l'obligation principale serait rendue impossible par le fait ou la faute de l'un d'entre eux; et du moment où cette condition se réalise, ils décident que chacun sera tenu pour le tout même des dommages-intérêts. « *Et hoc casu insons magis ad pœnam tenetur ex conditione stipulationis quœ extat tanquam ex causâ propinquâ et immediatâ, quàm ex facto consortis.* »

Les rédacteurs du Code ont gardé le silence sur cette question; mais il est à présumer que leur intention a été de suivre l'opinion de Pothier, et qu'ils ont vu également dans la clause pénale une seconde obligation dont la condition était l'inexécution de la première par suite du fait ou de la faute de l'un des débiteurs. L'article 1232 nous en fournit une preuve évidente. En présence d'une obligation indivisible à la suite de laquelle a été ajoutée une clause pénale, cet article décide que si la peine est encourue par le fait d'un seul des débiteurs elle pourra être demandée en totalité contre celui qui est en faute, et *pour partie contre chacun des autres débiteurs*. Or, si dans l'idée des rédacteurs du Code la clause pénale n'eût été que l'équivalent des dommages-intérêts, il aurait fallu, conformément à l'article 1147, décider que celui-là seul en serait tenu qui était coupable, et que tous les autres débiteurs seraient *complétement* libérés, puisqu'ils n'étaient pas en faute, et que ce n'était qu'à cause de l'indivisibilité de la chose due que chacun était tenu au tout. En déclarant au contraire que les dommages-intérêts ainsi stipulés à l'avance étaient dus non-seulement par le débiteur en faute, mais encore par chacun de ses codébiteurs pour sa part et portion, le législateur prouve bien qu'il a vu dans la clause pénale une obligation conditionnelle dont les effets devaient se produire contre tous les débiteurs par suite de l'inexécution de la première obligation. Nous dirons donc par voie d'analogie que si une clause pénale avait été ajoutée à une dette solidaire, le fait, la faute ou la mise en demeure d'un seul débiteur nuirait à tous les autres non-seulement *ad perpetuandam*, mais encore *ad augendam obligationem*, et que l'article 1205 cesserait ici de recevoir son application. Bien plus, par suite de la solidarité, chacun des débiteurs pourrait être poursuivi pour le tout et non pas seulement pour sa part et portion, comme au cas de l'article 1232, où chaque débiteur n'étant tenu *in solidum* que parce que l'objet de l'obligation n'était pas susceptible de prestation partielle, il est naturel qu'il ne soit obligé que pour sa part du moment où il n'y a plus indivisibilité de la chose due.

L'article 1205 cesse également de recevoir son application, et tous les débiteurs sans distinction sont tenus des dommages-intérêts sans qu'il y ait eu de clause pénale expressément stipulée lorsque la dette est d'une somme d'argent. En effet, l'article 1207 porte que la demande d'intérêts formée contre l'un des débiteurs les fait courir contre tous; et, aux termes de l'article 1153, les intérêts moratoires ne sont pas autre chose que de véritables dommages-intérêts. On peut dire pour justifier cette décision, qui est une innovation des rédacteurs du Code, que le montant des dommages-intérêts en matière de dettes d'argent se trouvant déterminé à l'avance par la loi elle-même, l'obligation est présumée renfermer une clause pénale tacite dont la condition se réalise du moment où la demande est intentée contre l'un des débiteurs. D'ailleurs cette demande ne peut être formée qu'après l'échéance, et par conséquent chacun des débiteurs est jusqu'à un certain point en faute de n'avoir pas payé au terme fixé par la convention. Enfin l'article 1207 est un moyen d'éviter des frais considérables que le créancier n'aurait pas manqué de faire s'il se fût trouvé dans la nécessité, pour faire courir les intérêts contre tous les débiteurs, d'intenter des poursuites contre chacun d'eux.

3° *Les poursuites faites contre l'un des débiteurs solidaires interrompent la prescription à l'égard de tous.*

En principe, les effets de l'interruption de prescription sont relatifs et non absolus, c'est-à-dire que l'interruption n'opère qu'à l'égard de celui qui a reçu l'interpellation (*non fit interruptio à personâ ad personam*). Nous avons déjà rencontré une dérogation à cette règle dans l'article 1199 en matière de solidarité active; l'article 1206 en contient une nouvelle, fondée sur le mandat réciproque que les débiteurs solidaires sont censés s'être donné *ad perpetuandam obligationem*. L'article 2249 1° complète l'article 1206 en décidant que la reconnaissance faite par un seul des débiteurs arrêterait également le cours de la prescription à l'égard de tous.

Si l'un des débiteurs solidaires était mort laissant plusieurs héritiers, quels seraient les effets de l'interruption de prescription faite par le créancier contre un seul de ces héritiers? A l'égard des débiteurs survivants, cette interruption produirait effet, mais seulement jusqu'à concurrence de la part dont l'héritier interpellé se trouve tenu dans la dette. A l'égard des cohéritiers de ce dernier, la prescription ne serait nullement interrompue; la solidarité ne passant pas aux héritiers du débiteur solidaire, il faudrait appliquer la règle de droit commun : *Non fit interruptio à personâ ad personam*. Telle est du reste la décision de l'article 2249 2°.

§ II.

Des droits que la solidarité confère à chacun des débiteurs.

Si l'association présumée par la loi entre les débiteurs solidaires confère au créancier les droits exorbitants que nous venons d'énumérer dans le paragraphe précédent, elle ne laisse pas toutefois que de procurer aussi à chacun des débiteurs dans ses rapports avec le créancier certains avantages. Le cercle de la défense se trouve en quelque sorte agrandi en leur faveur, chacun d'eux est ici assimilé à une véritable caution, et peut, dans une certaine limite, invoquer les exceptions (1) qui appartiennent à son codébiteur. Nous devons donc maintenant examiner en détail comment toutes les causes de nullité ou d'extinction des obligations opèrent vis-à-vis de chacun des débiteurs.

En matière de cautionnement, l'article 2036 nous dit d'une manière générale que la caution peut opposer au créancier toutes les exceptions qui appartiennent au débiteur principal, pourvu qu'elles soient inhérentes à la dette (*rei cohœrentes*), mais qu'elle ne peut pas se prévaloir des exceptions purement personnelles au débiteur (*personœ cohœrentes*). Telle est également la théorie du Code en matière de solidarité; seulement l'article 1208 au lieu d'adopter la classification des exceptions en deux branches (*rei aut personœ cohœrentes*) suivie par l'article 2036, les divise en trois classes, selon qu'elles résultent de la nature de l'obligation ou qu'elles sont personnelles à tel ou tel débiteur, ou enfin qu'elles sont communes à tous. C'est dans cet ordre que nous en traiterons successivement :

1° *Des exceptions résultant de la nature de l'obligation.* — Ces exceptions peuvent sans aucune difficulté être invoquées par tous les débiteurs solidaires sans distinction. L'obligation se trouvant viciée aux yeux de la loi elle-même d'une manière complète et absolue, il est naturel que le moyen de défense tiré de ce vice puisse être opposé par tous ceux qui y ont intérêt. Si donc l'objet de la dette solidaire était une chose qui n'est pas dans le commerce (1128), un fait illicite ou contraire aux bonnes mœurs, ou bien s'il y avait eu omission des formes substantielles, par exemple, de l'acte notarié dans une donation faite solidairement, il n'est pas douteux que chacun des débiteurs pourrait se prévaloir de cette cause de nullité.

S'il y avait plusieurs vendeurs solidaires d'un même immeuble, et que la vente fût entachée de lésion de plus des sept douzièmes, il y aurait également là une nullité qui, de sa nature, pourrait être invoquée par chacun des obligés.

2° *Des exceptions personnelles à l'un des débiteurs.* — Ces exceptions ne peuvent être invoquées que par celui en la personne de qui elles ont pris naissance; ses codébiteurs ne seraient pas reçus à s'en prévaloir.

---

(1) Le mot *exception* est employé ici par le législateur dans un sens large; il comprend tous les moyens de défense, même ceux qui touchent au fond du droit.

Les exceptions *personæ cohærentes* peuvent résulter soit de la circonstance que l'un des débiteurs ne s'est obligé qu'à terme ou sous condition , tandis que ses codébiteurs se sont obligés purement et simplement; soit de l'incapacité de l'un des contractants, par exemple , si c'est un mineur, ou une femme mariée non autorisée, ou un interdit qui figure parmi les obligés. Dans ce cas, les débiteurs capables sont considérés comme ayant cautionné celui qui ne l'est pas, et, aux termes des articles 2012 et 2036 2°, la caution ne peut pas opposer au créancier l'incapacité du débiteur principal.

L'erreur d'un seul des débiteurs solidaires, la violence, le dol pratiqués à son égard et qui auraient vicié son consentement constitueraient également au profit de ce débiteur une exception personnelle que ses coobligés n'auraient pas le droit d'opposer. Toutefois, nous pensons que ces derniers pourraient, selon les circonstances, en invoquant non pas l'erreur, la violence ou le dol dont leur codébiteur a été la victime, mais leur propre erreur sur l'existence d'un vice dans son consentement, se faire décharger vis-à-vis du créancier jusqu'à concurrence de la part que ce codébiteur aurait supportée dans la dette s'il eût été valablement obligé. Il y aurait là une question de fait laissée à l'appréciation du juge.

3° *Des exceptions communes à tous les codébiteurs.* — Les exceptions communes dont parle ici l'article 1208 ne sont autre chose que les diverses causes d'extinction des obligations énumérées dans l'article 1234.

Le payement (ipsa rei debitæ præstatio). — L'objet de l'obligation solidaire étant unique, une seule prestation de cet objet faite au créancier par un seul des débiteurs suffit pour les libérer tous. (V. art. 1200, *in fine.*) Il en serait de même s'il y avait eu *dation en payement,* c'est-à-dire si le créancier, au lieu de recevoir la chose due en avait accepté une autre à sa place. (V. art. 1243.)

La novation (prioris debiti in aliam obligationem transfusio atque translatio). — Elle entraîne également la libération de tous les débiteurs (v. art. 1281 1°), et même si l'obligation primitive se trouvait garantie par des hypothèques, la réserve expresse de ces hypothèques faite par le créancier lors de la novation ne pourrait produire d'effet que sur les biens de celui des débiteurs solidaires qui contracte la nouvelle dette. Cette décision rigoureuse écrite dans l'article 1280 a été empruntée par les rédacteurs du Code au n° 599 du *Traité des obligations* de Pothier.

La remise de la dette. — Cette remise peut être soit tacite, soit expresse. Lorsqu'il y a remise tacite, c'est-à-dire lorsque le créancier abandonne son titre de créance, peu importe qu'il le restitue à tous les débiteurs solidaires réunis ou à un seul d'entre eux. Du moment où il se dessaisit du moyen de preuve qu'il avait entre les mains, il est naturel de présumer sans distinction qu'il a entendu libérer tous ceux qui étaient obligés envers lui. (V. art. 1284.)

Lorsque au contraire il y a eu remise expresse résultant d'une convention et que cette convention n'est intervenue qu'entre le créancier et un seul des débiteurs solidaires, il paraîtrait assez conforme aux principes d'admettre, comme le fait Pothier dans son n° 275, *Oblig.*, que les autres débiteurs ne sont pas libérés, à moins qu'il ne soit clairement prouvé que l'intention du créancier a été d'éteindre la dette pour le tout. Telle n'est cependant pas la doctrine du Code, qui, dans l'article 1285 1°, décide que la remise conventionnelle, quoique faite à un seul des débiteurs, libère tous les autres. Cette décision nous paraît susceptible de critique à un double point de vue : d'abord, parce qu'elle présume la renonciation à un droit, et que loin de traiter avec faveur celui qui vient de faire une libéralité, elle interprète contre lui une convention susceptible de deux sens, ensuite parce qu'en fait elle pourra rendre le créancier plus méfiant et moins disposé à user de générosité envers un ou quelques-uns de ses débiteurs. Les rédacteurs du Code se sont encore ici laissé mal à propos entraîner par les textes du droit romain relatifs à l'acceptilation, mode d'extinction qui dans les idées romaines étant considéré comme l'équivalent d'un payement, ne pouvait pas opérer d'une manière isolée et relative au profit d'un seul débiteur.

Le créancier qui voudrait se réserver son droit contre les autres débiteurs devrait donc le faire au moyen d'une clause expresse, et même dans ce cas il ne pourrait plus agir contre eux que déduction faite de la part de celui à qui il a fait remise (v. art. 1285 2°). Autrement en effet le recours que celui des codébiteurs qui a payé aurait le droit d'exercer contre le débiteur auquel la remise a été faite rendrait cette remise tout à fait inutile et illusoire.

Cette part dont le créancier devra faire déduction en agissant contre les débiteurs auxquels il n'a pas fait remise sera ordinairement une part virile, car le plus souvent chacun des débiteurs a un intérêt égal dans la dette. Cependant il se pourrait que la part réelle du débiteur libéré fût inférieure ou supérieure au montant de la part virile. Si elle était inférieure, il suffirait au créancier de déduire cette part réelle, il serait présumé n'avoir voulu faire remise à ce débiteur que jusqu'à concurrence de la part qu'il devait supporter dans la dette. Si au contraire elle était supérieure, il nous semblerait équitable de décider que le créancier ne pourrait être contraint à déduire qu'une part virile, à moins toutefois que le débiteur poursuivi ne parvînt à prouver que le créancier avait intention de faire remise à son codébiteur pour *sa part réelle*, et qu'il savait que cette part était supérieure à une part virile.

Le créancier, au lieu d'abandonner sa créance soit en totalité (v. art. 1285 1°), soit en partie (v. art. 1285 2°), peut aussi n'avoir fait *remise que de la solidarité*. Cette remise de la solidarité peut résulter d'une convention expresse; elle est tacite, c'est-à-dire présumée par la loi dans les cas suivants :

1° Lorsque le créancier, en recevant divisément la part de l'un des débiteurs solidaires, n'a fait aucune réserve de ses droits et lui a donné quittance *pour sa part* (v. art. 1211 1° et 2°). Il en était de même dans l'ancien droit, ainsi que l'atteste Pothier, n° 277, *Oblig*. Mais la seule circonstance que le créancier aurait reçu de l'un des débiteurs sa part dans la dette n'emporterait pas remise de la solidarité; ce ne serait là qu'un payement partiel qui ne modifierait en rien les droits du créancier. Pour qu'il soit présumé avoir voulu remettre la solidarité, il faut que la quittance qu'il a donnée à ce débiteur porte que c'est *pour sa part*.

2° Lorsque l'un des débiteurs poursuivi *pour sa part* a acquiescé à la demande du créancier, ou qu'il est intervenu une décision du juge (*quia judiciis quasi contrahimus*) (v. art. 1211 3°). La simple demande que le créancier ferait à l'un des débiteurs *de sa part* ne suffirait pas pour opérer remise de la solidarité, elle ne constituerait qu'une offre de remise susceptible d'être modifiée ou retirée tant qu'elle n'aurait pas été acceptée conventionnellement ou judiciairement (v. Poth., n° 277, *in fine, Oblig*.)

3° Enfin, lorsque le créancier d'un capital exigible ou d'une rente a reçu divisément et sans réserve *la part* de l'un des codébiteurs dans les arrérages ou intérêts de la dette, il est présumé lui avoir fait remise de la solidarité pour les intérêts ou arrérages *échus*. Que si le payement divisé a été continué pendant *dix* ans consécutifs, alors le créancier perd la solidarité tant pour les intérêts et arrérages *à échoir* que pour *le capital* lui-même. (V. art. 1212.) Cette dernière décision est une innovation des rédacteurs du Code; dans l'ancien droit, la remise de la solidarité quant aux intérêts et arrérages à échoir ne résultait que d'un payement divisé effectué pendant *trente* années consécutives ; quant au capital, l'obligation solidaire subsistait toujours. (V. Poth., n° 279, *Oblig.*)

Si la remise de la solidarité a été faite à tous les codébiteurs, chacun d'eux ne se trouve plus tenu que pour sa part et portion, absolument comme si l'obligation était simplement conjointe. Il y a retour au droit commun.

Si au contraire cette remise n'a été faite qu'à l'un des débiteurs, produit-elle quelque effet à l'égard de tous les autres? Il semblerait logique, puisque, d'après les termes de l'art. 1285 1°, la remise *de la dette* faite à un seul des débiteurs profite à tous, de décider que la remise *de la solidarité*, quoique consentie à un seul des coobligés, libère également tous les autres de la solidarité. Telle était en effet la disposition de l'art. 109 du projet de Code civil ainsi conçue : « Le créancier perd *toute action solidaire* lorsqu'il reçoit divisément la part de l'un des débiteurs, etc. » ; mais cette disposition fut modifiée sur la proposition du tribunat et remplacée par la première partie de notre art. 1211, où il est expressément déclaré que la remise de la solidarité faite à l'un des débiteurs n'emporte renonciation à l'obligation solidaire qu'à l'égard de ce débiteur (1). Cependant cette remise ne laisse pas que d'exercer une certaine influence même à l'égard des codébiteurs non déchargés; car, aux termes de l'art. 1210, le créancier ne conserve plus contre chacun d'eux son action que déduction faite de la part du débiteur déchargé de la solidarité.

Cette décision de l'art. 1210 a été, avec raison selon nous, l'objet de vives critiques. Lorsque le créancier fait *remise de la dette* à l'un des débiteurs en se réservant expressément ses droits contre les autres, on comprend bien qu'il ne

---

(1) Il est à regretter que l'article 1285 1° n'ait pas été modifié d'une manière analogue, et qu'il contienne ainsi une doctrine contraire à celle de l'article 1211 1°.

puisse plus répéter la dette contre ces derniers que déduction faite de la part de celui auquel il a fait remise. (V. art. 1285 2°). Lui permettre d'agir encore pour le tout, ce serait rendre cette remise complétement illusoire, puisque le débiteur obligé de payer la totalité de la dette pourrait immédiatement exercer un recours contre son codébiteur libéré et le contraindre au payement de sa part dans l'obligation. Mais lorsqu'il y a eu simplement *remise de la solidarité* à l'un des débiteurs, on ne voit pas pour quel motif le créancier est ici privé par la loi d'agir contre les autres pour le tout et sans aucune déduction. Le débiteur libéré de la solidarité se trouvant toujours tenu de sa part et portion dans la dette, non-seulement vis-à-vis de ses codébiteurs, mais encore vis-à-vis du créancier, dont l'intention a été seulement de l'affranchir de toutes les pertes qui pourraient résulter pour lui de l'insolvabilité de ceux avec qui il s'était obligé, il est assez difficile de s'expliquer quelles considérations ont pu conduire le législateur à décider que la division de la dette consentie à l'égard de l'un des codébiteurs entraînerait même à l'égard des autres perte partielle du droit de solidarité. La convention par laquelle le créancier s'interdit d'agir solidairement contre l'un des débiteurs aura peut-être été considérée comme constituant une aggravation dans la position des autres débiteurs, et pour les indemniser de cette aggravation, la loi, dans l'art. 1210, aurait déclaré qu'ils ne seraient plus tenus vis-à-vis du créancier que déduction faite de la part du débiteur libéré.

Quoi qu'il en soit, l'article 1210, étant absolu et ne faisant aucune distinction, devrait s'appliquer toutes les fois qu'il y a eu remise de la solidarité, sans qu'il y ait à rechercher dans quelles circonstances cette remise est intervenue; il ne serait donc pas nécessaire, comme on l'a prétendu quelquefois, qu'elle ait été suivie du payement de la part de celui au profit de qui elle a été faite.

Si l'un des débiteurs solidaires était mort laissant plusieurs héritiers, *la remise de la dette* faite à l'un des débiteurs survivants libérerait également tous ces héritiers (v. art. 1285, 1°), à moins toutefois que le créancier n'eût expressément réservé ses droits contre les autres débiteurs, auquel cas la remise ne profiterait à chaque héritier que pour une fraction de la part du débiteur libéré égale à sa part héréditaire. (V. art. 1285 2°) Cette dernière décision devrait également s'appliquer en cas *de remise de la solidarité* faite à l'un des débiteurs survivants. (V. art. 1210.) — La *remise de la dette* consentie à l'égard de l'un des héritiers de l'un des débiteurs ne profiterait point à ses cohéritiers qui ne se rattachent pas à lui par le lien de la solidarité, et ne pourrait être invoquée par les débiteurs survivants que jusqu'à concurrence de la part héréditaire de celui auquel la remise a été faite. — Si le créancier avait fait réserve expresse de ses droits contre les autres débiteurs, il pourrait toujours agir contre chacun des cohéritiers pour sa part héréditaire et contre les débiteurs survivants pour la totalité, déduction faite d'une fraction de la part du débiteur décédé égale à la part héréditaire de l'héritier libéré. Il en serait de même au cas *de remise de la solidarité* faite à l'un des cohéritiers.

La compensation. — (*Debiti et crediti inter se contributio*). — Si le créancier poursuit l'un des débiteurs solidaires et que ce débiteur soit lui-même créancier du créancier, il n'est pas douteux qu'il pourra lui opposer la compensation. Mais pourrait-il également lui opposer la compensation du chef de l'un de ses codébiteurs? Le droit romain résolvait cette question par une distinction : lorsqu'il n'y avait pas société entre les débiteurs solidaires, comme dans ce cas celui qui payait la dette ne pouvait exercer aucun recours contre ses codébiteurs, on décidait que le débiteur poursuivi ne pouvait pas opposer la compensation de ce que le créancier devait à son codébiteur ; au contraire, lorsqu'il y avait entre eux société, on leur accordait ce droit. C'est ce qui résulte de la loi 10 au Digeste, *De duob. reis*, où Papinien s'exprime ainsi : « *Si duo rei promittendi socii non sint, non proderit alteri quòd stipulator alteri reo pecuniam debet.* » Dans notre ancien droit, Domat et après lui Pothier (v. n° 274, *Oblig.*) admettaient que le débiteur solidaire pouvait opposer la compensation du chef de son codébiteur, non pas pour le tout, car alors la charge du payement serait toujours retombée sur celui des débiteurs qui se trouvait créancier du créancier, mais seulement jusqu'à concurrence de la part que ce débiteur devait supporter dans la dette. Voici à cet égard comment s'exprimait Domat : « *Si un des débiteurs se trouvait de son chef créancier du créancier commun, ses coobligés pourraient demander la compensation jusqu'à la concurrence de cette portion, et pour le surplus de ce qui serait dû par leur créancier à ce coobligé, ils ne pourraient en demander la compensation, etc.* ». Il est à regretter que cette décision de nos anciens auteurs, qui nous paraît la plus juste et la plus logique, n'ait pas été adoptée par les rédacteurs du Code et que l'article 1294 3° fasse de la compensation une exception purement personnelle, en reproduisant ainsi la doctrine que le jurisconsulte romain n'émettait que pour les codébiteurs *non socii.* Ce troisième alinéa de l'article 1294, qui fut ajouté sur la proposition du tribunat, paraît d'autant plus singulier que dans le premier alinéa du même article le législateur ne fait pas difficulté d'admettre que la caution peut opposer la compensation de ce que le créancier doit au débiteur principal ; or, les débiteurs solidaires sont jusqu'à un certain point cautions les uns des autres. « *Videntur duo rei effectu semper invicem fidejubere,* » dit Cujas.

La confusion. — Dans notre droit, comme dans le droit romain, la confusion a moins pour effet d'éteindre l'obligation que de soustraire une personne au *vinculum juris* par suite de la réunion sur sa tête des qualités incompatibles de créancier et de débiteur. (*Eximit potiùs personam ab obligatione quàm tollit obligationem.*) En conséquence, lorsque le créancier devient l'unique héritier de l'un des débiteurs, il conserve toujours le droit d'agir contre les autres pour le tout, mais seulement sous la déduction de la part dont il est tenu désormais comme représentant l'un des codébiteurs. (V. art. 1209, 1301 3°) — De même, lorsque l'un des débiteurs devient l'unique héritier du créancier, la confusion qui s'opère en sa personne ne change pas la nature de la dette solidaire et ne profite à ses coobligés que pour la part qu'il devait primitivement supporter dans la dette. (V. art. 1209.)

Si le créancier ne devient héritier de l'un des débiteurs que pour partie, il peut agir contre ses cohéritiers jusqu'à concurrence de leurs parts héréditaires dans le total de la dette et contre chacun des débiteurs survivants pour le tout, déduction faite d'une fraction de la part que son auteur aurait supportée dans l'obligation, égale à sa part héréditaire. De même encore, si l'un des débiteurs devient héritier pour partie du créancier, dans ses rapports avec ses cohéritiers, il continue à être tenu pour le tout, moins sa part héréditaire ; dans ses rapports avec ses codébiteurs, il faut distinguer si cette part est inférieure, égale ou supérieure à la portion de dette devant définitivement rester à sa charge. Si elle est inférieure, non-seulement il ne peut rien leur réclamer, mais il reste encore garant envers eux pour toute la portion de sa part contributoire excédant le montant de sa part héréditaire. Si elle est égale, le montant de son droit de créance formant alors équation avec la somme dont il se trouve garant envers eux, il ne peut pas les poursuivre, mais il n'a pas non plus à redouter leurs poursuites. Enfin, si elle est supérieure, la confusion ne profite à ses codébiteurs que pour une fraction de sa part héréditaire égale à celle qu'il doit supporter en définitive dans la dette.

La perte de la chose. — Trois hypothèses peuvent se présenter : 1° La chose due a péri par cas fortuit. Alors tous les débiteurs solidaires seront libérés (*interitu rei debitor liberatur*) (v. art. 1302 C. civ.); 2° la perte a été occasionnée par la faute ou le fait de tous les codébiteurs, ou bien elle est survenue après leur mise en demeure. Dans ce cas ils seront tous tenus solidairement non-seulement de la valeur de la chose, mais encore des dommages-intérêts (v. art. 1147); 3° enfin, c'est par le fait ou la faute de l'un ou de quelques-uns seulement des débiteurs ou après leur mise en demeure que la perte a eu lieu. Alors, par dérogation au droit commun, ainsi que nous l'avons vu plus haut, les débiteurs non coupables restent tenus jusqu'à concurrence de la valeur de la chose (v. art. 1205).

La nullité ou la rescision. — Ce sera la nature de la nullité qui servira ici à distinguer si elle constitue une exception commune à tous les codébiteurs, ou si au contraire ce n'est qu'une exception purement personnelle.

L'effet de la condition résolutoire. — Selon que la condition aura été opposée dans l'intérêt de tous les débiteurs ou seulement dans l'intérêt de l'un ou de quelques-uns d'entre eux (v. art. 1204), elle formera une exception commune ou personnelle. Il y aura là une question de fait.

La prescription. — Si l'obligation a été contractée par tous les codébiteurs sous la même modalité, l'exception tirée de la prescription sera acquise en même temps pour tous. Mais si l'un des débiteurs est tenu purement et simplement tandis que les autres ne sont obligés qu'à terme ou sous condition, la prescription pourrait être acquise au profit d'un seul et non au profit des autres (v. art. 2257 1° et 2°).

Les débiteurs solidaires sont, ainsi que nous l'avons dit plus haut, mandataires les uns des autres pour tous les actes qui ne peuvent pas entraîner aggravation de la dette. L'article 1365 4° contient une application de ce principe, il décide que le serment déféré à l'un des codébiteurs profite à tous les autres. Si donc le codébiteur a juré que l'obligation n'existait pas, tous sont libérés. S'il a juré qu'elle n'était pas solidaire, chacun ne se trouve plus désormais tenu que pour sa part et portion comme un simple débiteur conjoint. Enfin, s'il a juré que lui personnellement n'était pas obligé ou qu'il ne l'était pas solidairement, le créancier ne peut plus répéter la dette contre les autres débiteurs que déduction faite de la part de celui qui a juré (v. art. 1210-1285 2°).

Aucun texte de loi ne donne mandat aux débiteurs solidaires de se représenter les uns les autres en justice, et comme c'est là un acte d'où peut résulter une aggravation considérable de l'obligation, nous pensons que la chose jugée contre l'un des codébiteurs n'est pas opposable aux autres. Le quasi-contrat judiciaire intervenu entre le créancier et un seul des obligés ne nous paraît pas plus susceptible de nuire à ses coobligés qu'une convention privée par laquelle il aurait reconnu comme existante une dette déjà éteinte. Et d'ailleurs, la théorie contraire est d'autant plus difficile à admettre qu'en général les codébiteurs qui n'ont pas été mis en cause soutiendront que la dette avait déjà cessé d'exister lors du procès, et que, par conséquent, tout rapport de coobligation avait disparu entre eux et le défendeur.

Les effets de la chose jugée ne pouvant pas avoir plus ou moins d'étendue selon que le juge a donné gain de cause à l'une ou à l'autre des parties, nous décidons également que le jugement rendu au profit de l'un des débiteurs ne peut pas être invoqué par ses codébiteurs. En vain objecterait-on contre cette décision l'article 1365 4°; les dispositions de cet article ont quelque chose de tout à fait spécial à la matière du serment, et nous ne croyons pas qu'aucun argument d'analogie puisse en être tiré quant aux effets de la chose jugée. Le serment déféré à la caution profite bien au débiteur principal (voy. art. 1365 5°), et cependant il nous paraît bien difficile d'admettre que ce dernier puisse invoquer à son profit la chose jugée au profit de la caution. Seulement, comme par suite du quasi-contrat judiciaire qui s'est formé, le créancier est censé avoir voulu faire remise de la dette au débiteur poursuivi pour le cas où celui-ci triompherait, cette condition se réalisant, il ne peut plus agir contre les autres que déduction faite de la part du codébiteur libéré (voy. art. 1285 2°). Il est bien vrai qu'aux termes de l'article 1285 1° la remise faite conventionnellement et sans réserves à l'un des débiteurs libère également tous les autres de la totalité de la dette; mais nous ne pensons pas que la présomption sur laquelle est fondée la disposition de l'article 1285 1° puisse s'appliquer à la remise judiciaire.

SECTION TROISIÈME.

DES EFFETS DE LA SOLIDARITÉ PASSIVE DANS LES RAPPORTS DES DÉBITEURS ENTRE EUX.

Lorsque l'un des débiteurs avait acquitté la totalité de la dette, il ne pouvait, en droit romain, exercer de son chef aucune action contre ses codébiteurs, à moins qu'entre lui et ces derniers il n'y eût société ou mandat réciproque, auquel cas il pouvait agir soit par l'action *mandati*, soit par l'action *pro socio* pour se faire indemniser des avances qu'il avait faites. Mais ce principe rigoureux, qui avait pour résultat de faire peser tout le fardeau de la dette sur un seul des coobligés, avait été heureusement tempéré par la jurisprudence prétorienne, laquelle accordait au débiteur poursuivi l'exception de dol pour obtenir du créancier la cession de ses actions. C'est du moins ce qui paraît résulter de plusieurs textes et notamment de la loi 65 au Digeste, *De evict.*, où, en présence de deux covendeurs dont l'un d'eux se trouve actionné en garantie par l'acheteur évincé, le jurisconsulte Papinien décide que ce dernier ne peut pas être contraint à céder ses actions au défendeur, « *quia non duo rei facti proponerentur.* »

Dans notre ancien droit, la clause de solidarité emportant par elle-même présomption que les codébiteurs étaient associés ou mandataires les uns des autres, lorsque l'un d'eux avait payé toute la dette, il avait de son chef une action en répétition contre ses coobligés (v. Poth., n° 282, *Oblig.*), et, de plus, il avait le droit d'exiger du créancier la cession de ses actions. Dumoulin allait même plus loin, il prétendait que cette cession n'avait pas besoin d'être requise par le débiteur et qu'elle existait de plein droit à son profit (v. Poth., n° 280); mais cette opinion n'avait pas prévalu dans la pratique, et elle était également repoussée en théorie par la plupart des auteurs.

Le Code civil a également admis au profit de celui des débiteurs qui a payé un recours contre ses codébiteurs, car, aux termes de l'article 1213, l'obligation contractée solidairement se divise de plein droit entre les coobligés qui n'en sont tenus entre eux que chacun pour sa part et portion. Bien plus, la doctrine de Dumoulin l'a emporté dans l'esprit du législateur moderne, et aujourd'hui celui qui acquitte la dette solidaire n'a plus besoin de requérir la subrogation, il se trouve légalement subrogé aux droits du créancier.

Le débiteur qui a payé le total de la créance peut-il, déduction faite de la part dont il était tenu pour lui-même, agir solidairement contre chacun de ses codébiteurs, ou ne peut-il répéter contre chacun d'eux que sa part et portion ? En droit romain, aucun texte ne décide formellement la question ; mais on peut conclure par voie d'analogie de la loi 5, *De censibus,* que le recours ne pouvait s'exercer contre chaque débiteur que pour la part qu'il devait supporter dans la dette. Cette loi suppose plusieurs détenteurs d'un même immeuble assujetti à l'impôt, et elle décide que si l'un d'eux actionné *in solidum* en payement de cet impôt l'a acquitté en totalité, il pourra exiger du fisc la cession de ses actions contre ses codébiteurs, mais seulement contre chacun d'eux jusqu'à concurrence de sa part dans l'impôt. — Dans l'ancien droit, il y avait eu controverse à cet égard. Les uns soutenaient que la cession d'actions qui avait eu lieu au profit du débiteur l'ayant en quelque sorte constitué *procurator in rem suam* du créancier, il devait pouvoir agir solidairement contre chacun de ses coobligés comme le créancier l'aurait pu lui-même. D'autres, au contraire, voulaient que le recours ne pût avoir lieu contre chaque débiteur que pour sa part, c'est-à-dire jusqu'à concurrence du profit que lui avait procuré le payement fait par son codébiteur, et c'est ce dernier avis qui avait prévalu (v. Poth., n° 281, *Oblig.*). — Sous l'empire du Code, il semblerait, en présence de l'article 1251 3°, que celui qui a payé pour les autres se trouve subrogé à la solidarité comme aux autres droits du créancier, et c'est, en effet, ce qu'il faudrait décider si l'article 1214 1° ne disposait en termes exprès que la répétition ne peut s'exercer contre chaque débiteur que pour sa part et portion. L'étendue de l'action contre les codébiteurs se trouve ainsi déterminée par l'avantage que chacun d'eux a retiré du payement ; chacun n'est tenu que dans la mesure de l'utilité qui lui a été procurée.

La subrogation légale étant impuissante à faire naître au profit du débiteur qui a payé un recours solidaire contre ses codébiteurs, nous décidons qu'il en serait de même de la subrogation conventionnelle (v. art. 875, arg. *à pari*).

En principe, tous les débiteurs sont présumés avoir une part égale dans la dette. Le recours s'exerce donc contre chacun d'eux pour une part et portion virile. Mais il pourrait arriver que les parts des coobligés dans la dette fussent inégales ; si cela était prouvé, le recours devrait alors s'exercer contre chacun pour sa part réelle, et non plus pour une part virile. Enfin, la dette solidaire pourrait n'avoir été contractée que dans l'intérêt d'un seul des débiteurs (v. art. 1216). Dans ce cas, si le payement avait été effectué par celui qui, dans la réalité, est le seul débiteur principal, il ne pourrait exercer aucune répétition contre ses codébiteurs, qui, par rapport à lui, ne seraient considérés que comme des cautions. Si, au contraire, c'était un de ces derniers qui eût payé la dette, il aurait le droit d'agir pour le tout contre celui dans l'intérêt exclusif duquel l'obligation avait été contractée (V. art. 2029-2030).

Si l'un des débiteurs devient insolvable, la perte qu'occasionne son insolvabilité se répartit par contribution entre tous les autres codébiteurs solvables et celui qui a fait le payement, proportionnellement à l'intérêt de chacun dans la dette (v. art. 1214 2°). La circonstance que le créancier a déchargé l'un des débiteurs de la solidarité est pour tous les autres *res inter alios acta*, et ne peut pas leur préjudicier ; en conséquence, le débiteur déchargé devra comme les autres être compris dans la répartition de la part de l'insolvable (V. art. 1215). Mais comme la remise de la solidarité a eu précisément pour but d'affranchir ce débiteur des chances d'insolvabilité que pourraient présenter ses codébiteurs, nous pensons que c'est sur le créancier que doit en définitive retomber la part du débiteur déchargé dans la portion de l'insolvable. Ce serait, selon nous, interpréter d'une manière trop étroite la remise de la solidarité que de n'y voir qu'une dispense pour l'un des débiteurs de faire l'avance des fonds.

Dans l'hypothèse prévue par l'article 1216, si l'un des débiteurs, qui n'est en réalité qu'une caution, devenait insolvable, cette insolvabilité n'aurait aucun résultat fâcheux pour les autres débiteurs, la dette devant, à tout événement, être supportée en totalité par celui-là seul dans l'intérêt duquel elle avait été contractée. Si, au contraire, c'était ce dernier qui devînt insolvable, tous les autres coobligés étant considérés dans leurs rapports avec lui comme de véritables cautions, il faudrait appliquer l'article 2033, et accorder à celui qui aurait été contraint au payement un recours contre les autres, chacun pour sa part et portion.

Le débiteur qui a payé le total a droit aux intérêts des avances par lui faites, du jour du payement (v. art. 2001).

Lorsque la dette solidaire provient d'un délit, celui qui a payé le tout peut-il exercer un recours contre ses codélinquants? Le droit romain décidait que non, « *quia nulla societas est maleficiorum* », « *quia nemo ex delicto consequi debet actionem* »; mais l'ancienne pratique française s'était déjà écartée des principes rigoureux du droit romain, et elle admettait avec raison une action récursoire au profit de celui qui avait payé (v. Poth., n° 282, *in fine, Oblig.*); en effet, la cause efficiente de l'action, ce n'est pas ici le délit qui a été commis, c'est le payement du total effectué par un seul des débiteurs : or ce payement n'a rien d'illicite. Ainsi nous pensons que la doctrine de Pothier devrait s'appliquer aujourd'hui.

POSITIONS.

DROIT ROMAIN.

1° Les lois 27, § 2, *De pactis*, et 62, *eod. tit.*, sont inconciliables. Il en est de même des lois 27, *in pr.*, *De pactis*, et 31, § 1, *De novat.*

2° Les pactes ajoutés *in continenti* au *mutuum* sont devenus productifs d'action à partir de l'empereur Alexandre Sévère, sauf le cas où il s'agissait d'un *mutuum certæ pecuniæ*.

3° Les pactes ajoutés *in continenti* à la stipulation ne produisaient pas d'action à l'époque des jurisconsultes Paul et Ulpien.

4° Il y avait controverse entre les jurisconsultes romains sur le point de savoir si les pactes ajoutés *in continenti* à un contrat *stricti juris* opéraient diminution de l'obligation *ipso jure* ou seulement *exceptionis ope*. La loi 40, *De reb. credit.*, atteste que la première opinion avait prévalu.

5° Le § 11, aux Institutes, *De usucap.*, ainsi conçu : « *Error falsæ causæ usucapionem non parit,* » est trop absolu, il doit être complété ainsi : « *Nisi tamen justa et probabilis sit erroris causa.*

6° Sous l'empire des lois caducaires, la substitution réciproque n'avait d'utilité que lorsque ceux au profit desquels elle était faite étaient des *orbi*, des cognats du testateur jusqu'au sixième degré, ou des célibataires excusables à raison de leur âge.

7° L'action *ex empto* n'avait, en droit romain, qu'un seul chef, qui était la réparation du dommage causé à l'acheteur par suite de l'éviction.

DROIT FRANÇAIS.

1° Le débiteur peut opposer en compensation au créancier solidaire qui le poursuit ce qui lui est dû par un des autres créanciers, mais seulement jusqu'à concurrence de la part de ce dernier dans la créance.

2° La suspension de prescription à l'égard de l'un des créanciers solidaires ne profite pas aux autres.

3° L'un des créanciers solidaires ne peut pas faire novation de la dette, en ce sens que le débiteur soit libéré vis-à-vis de tous les autres.

4° La chose jugée contre l'un des créanciers solidaires est opposable aux autres.

5° Il faut distinguer deux espèces de solidarité, l'une parfaite, l'autre imparfaite, à laquelle les art. 1205, 1206, 1207 ne sont pas applicables.

6° Il n'y a pas solidarité parfaite dans le cas prévu par l'art. 1734 du Code civil.

7° L'art. 1205 cesse de recevoir son application lorsque le montant des dommages-intérêts a été déterminé à l'avance au moyen d'une clause pénale. Dans ce cas, le fait, la faute ou la mise en demeure de l'un des débiteurs nuit aux autres, *etiam ad augendam obligationem.*

8° La circonstance que le consentement de l'un des débiteurs a été vicié par suite d'erreur, de violence ou de dol, peut entraîner, au profit des autres, décharge de la part que ce débiteur aurait supportée dans la dette s'il eût été valablement obligé.

9° Pour que l'art. 1210 reçoive son application, il n'est pas nécessaire de supposer que le débiteur déchargé de la solidarité a payé sa part de dette au créancier.

10° Lorsque l'un des débiteurs devient héritier pour partie du créancier, la confusion éteint la créance pour la part et portion de ce débiteur dans la dette solidaire, et non pas seulement pour une fraction de cette portion égale à sa part héréditaire. — Il n'en serait pas de même si c'était le créancier qui eût succédé pour partie à l'un des débiteurs.

11° Le créancier qui attaque les actes de renonciation faits par son débiteur doit prouver, 1° le préjudice, 2° la fraude.

DROIT PÉNAL.

1° Dans le cas prévu par l'article 64 du Code pénal, il faut qu'il y ait une certaine relation entre le crime commis et le lieu où les malfaiteurs habitent, pour que celui qui les loge puisse être puni comme leur complice.

2° Une bonne peine doit être *afflictive, morale, personnelle, exemplaire, correctionnelle, économique, égale* et *révocable*.

DROIT ADMINISTRATIF.

1° L'article 4 2° de la loi du 28 pluviôse an VIII ne s'applique pas seulement aux travaux effectués pour le compte de l'État et des départements, mais encore à ceux qui sont effectués pour le compte des communes.

2° En matière d'enregistrement, la subrogation ne doit donner lieu qu'à un droit de quittance, et non à un droit de cession.

HISTOIRE DU DROIT.

1° Les fiefs ont leur origine dans les bénéfices de l'époque franque.

2° Le pouvoir législatif à l'époque franque était partagé entre le roi et les assemblées nationales (*champs de mars* et *champs de mai*).

3° L'origine de la communauté entre époux est dans le droit germanique.

Vu par le président,　　　　　*Vu par le doyen,*
L. DE VALROGER.　　　　　PELLAT.

Le recteur de l'Académie de la Seine,
CAYX.